农村电商的发展与优化对策研究

丁 菊 贾晓东 著

中国商务出版社
CHINA COMMERCE AND TRADE PRESS

图书在版编目（CIP）数据

农村电商的发展与优化对策研究 / 丁菊，贾晓东著
. — 北京：中国商务出版社，2022.10
  ISBN 978-7-5103-4484-8

Ⅰ. ①农… Ⅱ. ①丁… ②贾… Ⅲ. ①农村—电子商
务—研究—中国 Ⅳ. ①F724.6

中国版本图书馆CIP数据核字（2022）第184643号

农村电商的发展与优化对策研究

NONGCUN DIANSHANG DE FAZHAN YU YOUHUA DUICE YANJIU

丁菊 贾晓东　著

出　　版：中国商务出版社	
地　　址：北京市东城区安外东后巷28号	邮　编：100710
责任部门：发展事业部（010-64218072）	
责任编辑：陈红雷	
直销客服：010-64515210	
总 发 行：中国商务出版社发行部（010-64208388　64515150 ）	
网购零售：中国商务出版社淘宝店（010-64286917）	
网　　址：http://www.cctpress.com	
网　　店：https://shop595663922.taobao.com	
邮　　箱：295402859@qq.com	
排　　版：北京宏进时代出版策划有限公司	
印　　刷：廊坊市广阳区九洲印刷厂	
开　　本：787毫米×1092毫米　1/16	
印　　张：11	字　数：233千字
版　　次：2023年2月第1版	印　次：2023年2月第1次印刷
书　　号：ISBN 978-7-5103-4484-8	
定　　价：63.00元	

前　言

随着互联网技术的发展和农村电商的兴起，农民开始利用电商平台实现真正意义上的脱贫致富。截至目前，我国已经实现了所有贫困人员的脱贫摘帽，农村电商的功劳不可忽视。本书通过研究农村电商的发展现状，进一步提出发展农村电商的政策建议，以不断提升电商在农村经济发展中的积极作用。农村电商经济已经成为当前农村经济发展的重要方向，依靠高效的农村电商平台可以实现真正的脱贫致富，帮助农民走上小康之路。希望本书的研究能够给农村电商的下一步发展提供思路。

要确保农村电子商务持续蓬勃发展，就必然需要借助市场力量。一方面，较有实力的资本涉足农村电子商务领域，将会引起广泛的社会关注，并引领其他资本共同流向农村；另一方面，资本能够切实帮助农村改善基础设施建设、吸引人才、帮助农村电子商务增速发展。以淘宝村为例，单个淘宝村，就提供了非常多的就业机会，从产品到加工到店铺管理、平面设计、电商运营、供应链管理等。强大的公司背景，让从业人员对农村电子商务的发展更有信心，较好的福利待遇也容易帮助吸引人才下乡。拥有较高的可自由支配收入的从业人员可以带动农村经济的发展。

开展基础知识普及教育，通过一定的激励手段鼓励部分村民接触电子商务。整合使用广播、横幅和墙绘等宣传方式，加大电子商务在农村的曝光度。开展体验式的活动，让部分村民切实体验、了解农村电商带来的益处，口碑的传播将会进一步帮助农村居民信任电子商务。学校层面，将部分学生课业与网络信息技术相结合，通过学生对网络使用的需求，反向推动家长主动学习使用网络、了解电商。鼓励部分涉电商业企业下乡开拓业务，通过手把手教学，包括应用的下载、网银的开通、初次收汇款的使用方式，降低用户初次使用门槛。

为了提升本书的学术性与严谨性，在撰写过程中，笔者参阅了大量的文献资料，引用了诸多专家学者的研究成果，在此一并表示最诚挚的感谢。由于时间仓促，加之笔者水平有限，本书难免存在不足，希望各位读者不吝赐教，提出宝贵的意见，以便笔者在今后的学习中加以改进。

目　录

第一章 农村电商概述

第一节 农村电商的概念

"农村电商"成为近年来我国经济社会发展中炙手可热的词汇，在乡村振兴领域举足轻重，对"三农"事业的重要促进作用也在实践中得到了充分验证，因此，对农村电商的基础性、影响性以及成长性特征进行系统剖析和评价具有重要的理论意义和现实意义。而经过对主流学术数据库进行知识图谱分析，笔者发现，农村电商的发展模式，对农业产业升级、农民增收与新农村建设的促进机理，以及在精准扶贫领域的应用等是近年来研究的热点。但对于农村电商的概念与特征尚无系统论述，如何评价农村电商的发展水平以及其对农村经济社会发展的影响，也尚未发现有效工具。一些研究者、资信媒体或地方政府通常参照主流电子商务评价体系，从网店数、网上销售额、电商从业人数等维度来衡量和评价农村电子商务发展水平，其科学性与客观性仍有待商榷。

一、农村电商的概念

农村电商即农村电子商务，是一个源于产业界的概念，截至目前，在主流学术期刊和博士学位论文数据库中尚未发现对其概念的权威界定。与电子商务的概念有广义和狭义之分一样，农村电商作为电子商务的一种类型，大多数学术界和产业界所提及的农村电商，通常取其狭义的定义，即从业经营主体及经营行为位于农村的电子商务。

农村电商常与农产品电商、涉农电商、农业信息化等概念混用，但四者之间具有显著差异。农产品电商的概念较狭窄，主要是指以农产品以及不同程度加工品为主营产品的电子商务。涉农电商的范畴则广得多，不仅包含前者，还涉及基于互联网的农业生产资料、农业生产工具与农民生活资料的流通以及相应的基础设施建设，也就是说，涉农电商涉及"三农"，所有与农业、农村、农民相关的电子商务均属于涉农电商范畴。农业信息化、"互联网＋农业"、数字农业、智慧农业，可以理解为四个一脉相承的词汇，是农业产业经济发展到不同阶段（信息化、网络化、数字化、智能化）在农业生产中的应用。

　　与农村电商概念最为接近的是涉农电商，两者的差异主要体现在界定标准上。涉农电商更多的是从电子商务应用的业务领域和场景去界定的；而农村电商更多的是从空间和地域去界定的，指的是从业经营主体及经营行为位于农村的电子商务。因此，农村电商不仅包含农产品电商、农业生产资料电商、农民生活资料电商，还包含许多生产经营行为位于农村的制造业电商，甚至服务业电商。同样，无论是从户籍性质还是从劳动领域界定，农村电商从业者也不一定都是农民。据笔者对全国 11 个省份 100 个淘宝镇、300 多个淘宝村的调查统计发现，超过 80% 以上的淘宝村、淘宝镇经营的主流产品是工业产品而非农业产品，其中，全国十大淘宝村集群所经营的产品均为工业产品，如小商品、五金用品、鞋服、小家电、家具等，这与中国国际电子商务中心、阿里研究院等机构发布的各年度农村电商发展报告观点吻合。同时，这也说明了制造业产品电商销售产值更加可观，制造业产品（含农产品深加工）的附加价值更高。可以说，淘宝村、淘宝镇的本质是典型的区域产业集群，而农村电商的本质就是一种区域产业集群模式。

二、农村电商的特征

（一）依托农村生产要素

　　农村电商尽管产业形态上是一种电商，隶属第三产业，但在本质上是位于农村的产业集群。产业在农村空间集聚并形成强劲和可持续的竞争力，势必与所在农村的要素禀赋密不可分。首先是土地资源，无论是电子商务业务还是其所销售的工业产品业务，农村的土地成本优势都是十分显著的。目前，在我国二三线城市，写字楼租赁价格为 30 ~ 120 元 / 平方米 / 月，工业用地价格为 20 万 ~ 100 万元 / 亩（/ 年，1 亩 = 0.0006667 平方千米）。而在广袤的农村地区，土地成本往往不到周边城市的 1/5；且自 2014 年起工商注册门槛降低，以及在光纤、4G 网络覆盖大多数农村地区后，电商公司在农房里办公经营不再受各类基础设施制约，从而大幅节约了运营成本。对中小型电商企业而言，我国电商产业生态不断成熟，企业之间的引流转化能力、推广促销能力、客户关系管理能力、数据化运营能力等差异并不大，而决定企业盈利水平至关重要的因素之一就是后端的供应链体系。这就要求每一个电商企业都需要一条低成本、高效率、结构完善、响应及时的供应链作为支撑，以实现供应链与电商业务有机协同。为此，无论主营产品是农产品还是初加工或深加工的农副产品，农村电商都应具备扎实的原材料基础。大多数淘宝村主营的制造业产品都源自当地的乡镇工业企业或农村个体工业企业，"一县一品""一镇一品"的产业集群特征显著，具备该品类难以比拟的供应链竞争优势。近年来在"乡村振兴""两山"等政策引领下，农村基础设施不断完善，生态环境不断优化，诸多在城市里求学、工作的年轻人，回归乡村工作或创业的意愿日益强烈，农村电商"破茧成蝶"已经万事俱备，各类金融机构对惠农项目的低息或政府贴息贷款政策，这些都为农村电商发展带来新机遇。

（二）模式呈现双元特性

继苏南模式、温州模式、珠江模式等区域发展模式名噪一时之后，农村电商成为互联网时代脱颖而出的又一新兴产业集群模式，其核心内涵是网络化、商业化带动工业化和城镇化。农村电商发展模式呈现出异质性双元特征：宏观上，农村电商发展形成了许多颇具典型性的模式，如江苏沙集模式、缙云北山模式、遂昌模式、义乌青岩刘模式、永嘉西岙"企带村"模式等。这些模式的侧重点各异，涉及农村电商发展主导因素、农村电商产业演化路径、互联网与农村经济社会的融合机理、农村电商产业治理等多个方面。不同的村镇、不同的区位优势、不同的要素禀赋、不同的先导力量，决定了其发展模式的特性。例如，义乌青岩刘模式，依托专业市场，借力"互联网+"，整合城乡优势资源，推动传统贸易电商化、传统农村城镇化、农村建设现代化；遂昌模式，以本地化电子商务综合服务商为驱动，以政策推动为动力，推动传统农业和农产品加工业电商化；永嘉西岙"企带村"模式，以村内龙头电商企业为主导，发挥大企业的网络市场把控和品牌运营能力，引导村民从事具有市场竞争优势产品的生产和网销业务，帮助村民从作坊模式升级到电商生态供应链模式等。而微观上，尽管农村电商具有区域发展模式上的典型性，但商业模式创新要素和创新能力并非其所长，绝大多数农村电商从业企业的商业模式都紧密围绕着有形商品的交易，即"卖货阶段"，平台打造、资源整合、技术创新以及资本运作等高端业务仍掌控在少数大企业手中。

（三）积极助力"三农"事业

电子商务对区域经济社会的影响绝不仅限于促进商品流通。实践证明，农村电商的发展对"三农"事业的发展具有积极的促进作用，主要体现为三个方面：一是提升了农业组织化水平。农村电商的直接效应是拓展农产品销路，丰富农产品交易方式，本质上不仅有效解决了农户与市场之间的供需信息不对称问题，提升了农业生产的组织化、规模化、系统化水平，还通过互联网平台改造了农业价值链，推进以农旅融合、田园综合体等为代表的一二三产业融合，推动了农业发展和农业价值链升级。二是促进了农民群体发展。从物质层面看，农村电商开辟了扶贫攻坚新路径，实现了农民增收致富，丰富了农民的生活资料；从精神层面看，互联网的信息传递方式、沟通交流方式、活动参与方式等折射出的互联网文化与农村生产和农民生活文化不断融合，有力提升了农民的社会身份和道德文化素质，丰富了农民的文化娱乐生活，激发了农民参与地方公共事务管理的积极性和能动性。三是推动了新农村建设。农村电商不仅从需求上和资金上推动了农村道路、房屋、物流配送设施、网络信息设备等基础设施建设，还以农旅融合项目、美丽乡村建设等为载体，优化了农村生态环境；以互联网文化传播为纽带，加速了乡村振兴以及乡村治理体系和治理能力现代化的进程。

（四）创新力不足乃最大瓶颈

与此同时，农村电商的发展仍存在不少瓶颈，产业"低、小、散"现状依然普遍存在，农村基础设施建设还比较滞后。更重要的是，就商业业态而言，无论主营产品是农产品、农副产品，还是工业品、农村生产资料等，当前农村电商还主要停留在"卖货"阶段，基于互联网的资源整合、平台服务、产品研发、品牌打造、资本运作、一二三产业融合、价值链升级等高端业务并不多见，高附加值的产品、服务与品牌也屈指可数。大多数农民网商仍处于价值链中低端，农业产业链的升级之路仍任重道远，其核心原因在于农村创新要素和创新能力不足，而创新之根本在于人才。要破解这一难题，需从根本上着手，彻底消除城乡二元结构的壁垒。一方面，要大力加强基础设施建设，提高教育、医疗等公共服务供给能力，加大农村生产要素流转和招商引资促进政策力度，筑好引凤之巢；另一方面，要实施积极有效的人才政策，不仅要做好引才招智、引才回乡，还要加强对新型职业农民的培训，做到内培外引齐头并进。

三、农村电商的评价

基于上述分析可知，对农村电商的评价需把握客观性、系统性、内生性和前瞻性原则，既要考虑农村电商发展的条件与现状，还要兼顾其成长性和影响力。经专项调研与专家论证，将农村电商发展指数解构为条件指数、规模指数、渗透指数和发展指数四个维度，分别考量农村电商的发展基础与条件、发展现状与规模、对"三农"事业的影响作用，以及创新发展能力。

鉴于农村电商各评价指标之间异质性特征显著，数据采集难易程度差异较大，故采用主观客观综合评价法构建评价指标体系，其中条件指数和规模指数指标大多来源自所在村镇政府统计数据或实际调查采集数据，而渗透指数和发展指数数据主要源自专家基于资料查阅、调研走访，并结合自身知识经验进行的主观评价。

第二节　农村电商与农村经济

在电商经济下，农民在电商平台实现农产品交易，增加了收入，并升级了农业产业模式。农村电商为农村经济发展带来了机遇。为了更好地发挥电商在农村经济发展中的作用，各级政府可以培养农民的电商意识，推出农村电商优惠政策；创新农村电商业务模式，提高产品的流通效率；培养农村电商人才，促进各地区农村电商的均衡发展。本节通过分析电商与农村经济发展的关系，在农村经济发展中充分发挥电商的优势，以促进农村经济快速发展。

一、农村电商经济发展现状

农村电商通过网络平台为农村提供各种服务，拓展农村的信息服务业务方式和服务领域，从而成为遍布县、镇、村的"三农"信息服务站。目前，农村电商迅速发展，极大地促进了农村经济发展。在农村电商发展中，以信息化建设与交通基础设施建设为基础，并以城镇地区为中心，逐步向农村扩展。

2005年，农村电商出现，以农产品网络零售商推出的"易果生鲜"为基础实现了快速发展。2017年，农村电商发展规模壮大，且农产品的种类也趋于多样化，农民网购的商品逐渐从生活必需品变为休闲娱乐商品，农村居民的消费层次逐渐提升。

在农村电商稳步发展的过程中，淘宝村、拼多多等平台的规模逐渐壮大。以淘宝村为例，截至2019年6月底，全国已有4310个淘宝村、1118个淘宝镇。农村电商发展带动农村经济发展，成为农村经济发展的推动力。全国农村网络零售额从2014年的1800亿元增加到2019年的17000亿元。其中，农产品网络零售额高达3975亿元，同比增长27%，带动300多万户贫困农民增收。

二、电商经济对农村经济发展的意义

发展农村电商能逐步缩小城乡差距。目前，农村电商已经成为联系农村和城镇的主要纽带，让更多农产品走出农村、走向城镇，使城乡协同发展。随着城镇化速度不断加快，越来越多农村人口移居城镇，这使乡村振兴战略缺乏人力支持。具体来说，农村电商经济对农村经济发展的意义，主要表现在以下方面：

（一）电商经济改变了农村人的生产生活方式

农村电商经济的发展改变了农村人以往的生活生产方式。通过农资产品、农机产品、工业品下行，丰富了农村居民的消费选择，方便农民选取自己满意的产品，提高了农村居民的消费意愿。电商平台的搭建，实现了农产品上行，也扩大了农产品销售的渠道和范围，提升了农村居民的消费水平，大大提高了他们的生活品质，有助于乡村经济的蓬勃发展。农村电商发展增加了农民收入，增加了地方税收，提高了农村人口的就业率，留住了农村劳动力。

（二）电商经济促进了农村经济的发展

农村电商的发展拉长了产业链。农民足不出户就可以销售农产品，扩大了农产品的销路；农村电商的发展改变了农民"靠土地吃饭"的单一方式，增加了新的就业渠道同时也增加了收入；农村电商的集聚发展促进了城镇建设，并扩大了城镇的规模；农村电商可以解决剩余劳动力的就业问题，是山区和落后地区农民脱贫致富最有效的方法之一。

农村电商的发展促进了农业生产、传统手工业的发展，带动了乡村旅游、仓储物流等产业，增加了就业岗位，能够吸引资金、留住人才，最终达到助农增收的目的。例如，山东省滨州市博兴县的草编、临沭县的柳编、聊城市中华葫芦第一村的工艺葫芦等传统手工业在农村电商的支持下得到快速发展，而特色产品的发展又推动了当地农村电商的发展。电子商务的发展为旅游景区、农家乐、沿海地区渔家乐带来新的销售渠道，通过宣传彩页上网展示可以吸引更多游客，从而可以获得更多的市场机会。

（三）农村电商与农村经济相互促进与发展

随着农村电商产业的升级和市场的拓展以及资金融通政策的落实，促进了农村经济的发展。反过来，当地经济发展可以增加对农村电商的投入，支持农村电商做大做强，突出地方特色，发展特色农业，两者相辅相成。纵观全局，农村电商发展虽不平衡，但电商的发展对促进当地经济发展的贡献是有目共睹的。

三、发展农村电商经济的建议

（一）培养农民的电商意识，推出农村电商优惠政策

要使农村电商和农村经济共同发展，就要培养农民的电商意识，让越来越多的农民参与到农村电商平台中。政府可以加大宣传力度，政府可以通过电视宣传、广播宣传及报纸宣传等方式，对农民进行电商知识的普及，让农民意识到农村电商的好处。政府要向农民传授电商的相关知识与技术，教会农民如何在电商平台销售农产品。让农产品逐渐走向城市，让工业产品进入农村，逐步缩小城乡之间的差距。政府还可以推出农村电商优惠政策，如向农民提供资金与技术支持，让农民在发展电商业务时免受技术与资金的困扰。2015 年出台《中共中央 国务院关于深化供销合作社综合改革的决定》提出，应增强农产品流通的服务水平，继续实施新农村现代流通服务网络工程建设，促进线上线下的融合发展。

（二）创新农村电商业务模式，提高产品的流通效率

农村电商在发展中主要有农村电商 A2A 模式、农村电商 A2C 模式及农村电商 C2C 模式。①农村电商 A2A 模式主要是代理商之间的一种贸易合作，由信息员、平台企业、采购商及销售商组成。如泉州蓝田模式中的蓝田集团公司，通过构建电子商务平台，让供应链运作起来。信息员通过发布代理人负责的交易信息，农村为居民提供电子商务服务。农村电商 A2A 模式往往由下游的超市和批发市场来充当采购商的角色，然后将农产品销售给终端消费者。这种模式让农产品走向城镇，直接带动了农村经济发展。②农村电商 A2C 模式由农户、合作社、生产商和销售商直接对接，然后销售商

向信息员发布信息。信息员在电商平台上发布信息，消费者在电子商务平台上完成交易。农村电商 A2C 模式减少了交易中间环节，提高了农产品交易效率。尤其是很多农民以经销商的身份开设网店，农业合作社数量日益增多，使更多的农副产品走向市场。如福建安溪县的茶叶销售，由代理人打开优质铁观音的销路，让优质铁观音成为市场上的热销产品，并建立了相应的品牌。③农村电商 C2C 模式以江苏睢宁模式为主，主要是个人买家与卖家之间的交易，这一模式适用农村创业者。农村电商 C2C 模式与现代市场发展需求相符合，也是我国电商发展的主要模式，无论是对农村电商经济，还是对农村经济发展，都发挥着不可替代的作用。

在农村电商和农村经济协同发展的过程中，应不断创新农村电商业务模式，提高产品的流通效率。在农村电商经济发展中，可以鼓励农民在网络上销售农产品，用来提高农民的经济收入。为了充分调动农民参与电商销售的积极性，可在农村以招商引资的方式，逐步升级农村电商产业结构。当农民在电商平台上获得一定的经济收入时，就会加大对电商平台的信赖。同时，要对销售的农产品进行包装，帮助农民创建农产品品牌，以品牌与质量获得更多的消费者。

在电商经济不断发展的背景下，可引导农民通过直播带货的方式销售农产品。不断创新农产品流通技术，采用保鲜冷藏等技术，让农产品在运输过程中不被损坏。建立完整的农产品物流流通体系，加强对农产品的质量监督与管理，从农产品的生产、加工到运输全过程，都积极运用现代技术，做到高质量、高效率地生产和运输。通过这种方式促进农村电商发展，进一步带动农村经济发展。

（三）培养农村电商人才，实现各地区均衡发展

为了促进农村电商经济与农业经济有效融合，应将农村电商经济看作农村经济的一部分。我国应加强对农村电商人才的培养，为农村电商经济发展增加人才储备。鼓励更多年轻人加入农村电商平台，为他们提供就业机会，使农民学习电商知识与相应技术。同时，培养农民严谨负责的态度，保证农产品的质量，不断促进电商经济发展。

为了促进各地区农村电商的均衡发展，我国应正视地区间的经济发展差异，加大科技创新力度。对经济不发达的地区，应鼓励农村电商经济发展，以技术投入与资金投入的方式，完善不发达地区的基础设施与交通运输，逐步优化不发达地区的物流运输模式，促进农村经济发展。

农村电商与农村经济发展是相辅相成的关系。农村电商是农村经济发展的关键，只有促进农村电商经济发展，才能推进农村经济全面发展。在农村电商经济发展过程中，需要对农村产业进行升级改造，培养大批电商人才，优化农村电商的业务模式，推出农村电商优惠政策，让农民感受到农村电商的发展优势并积极参与，从而提高农民的经济收入、促进农村经济发展。

第三节　农村电商物流发展

一、农村电商物流发展理论分析

（一）农村电商物流运作模式

谭新明认为，我国农村电商物流模式主要包括内黄模式、农业合作模式、农商联合体模式、供应链物流模式和阿里"村淘＋菜鸟"体系。华慧婷等人分析了以京东、苏宁易购、邮乐网等为代表的自建物流模式，以阿里巴巴为代表的第三方物流模式，以淘宝村、村村乐、村掌柜等为代表的物流一体化模式，指出存在农村电商企业物流模式趋同化、同一县域内多种物流模式并存等问题，阻碍了农村电商的发展。王燕通过归纳分析，指出我国农村电商物流模式涵盖了企业所开展的自营式和加盟式物流配送模式、依托第三方物流实施的配送模式以及各方积极探索的共同配送模式。

（二）农村电商物流末端配送

农村电商物流的最大挑战之一在于"最后一公里"，物流公司面临配送地分散、配送成本高、配送效率低下、配套业务难以开展等诸多困难，部分地区最后一公里投递成本占包裹投递总成本的比重超过一半，因此很难平衡盈利空间和服务水平。"最后一公里"配送已成为学术界重点关注的领域。宾厚等人尝试构建农村物流末端配送众包模式，并对该模式的参与主体、运行机理和保障措施进行分析。陈婉婷、李昆鹏等人分别基于收货人利益和配送成本、订单可得时间和客户时间窗，构建数学模型，规划出最优配送路线，解决电商物流"最后一公里"配送问题。

（三）农村电商物流共同配送

共同配送联盟成员剩余成本获得差距悬殊是导致系统不稳定的重要因素。杨洁等从联盟成员个体资源贡献、联盟地位差异贡献、承担运送风险贡献等方面探讨农产品共同配送成本分摊协调策略。苏霞等人从共享经济和动态协同理论出发，提出基于共享资源商务的一体配送分发模式、"O2O 共享＋共同配送"分发模式、"收集和配送分发站＋共享发放＋智能化取货"模式。部分学者对共同配送中的车辆路径进行研究，盛虎宜和付朝晖等人分别针对农村电商集送货一体化和多物流中心共同配送，以总成本最小为目标构建共同配送车辆路径规划模型，并采用改进蚁群算法求解，得出共享物流模式能从全局优化的角度统筹规划区域内物流资源，有效避免交叉配送与迂回运输等不合理现象。

（四）农产品冷链物流发展

生鲜农产品的季节性、区域性生产和持续性、普遍性消费特点突出，生鲜、冰鲜农产品易腐性对运输时间具有强依赖性，产品在运输保存过程中普遍存在成本高、资源利用率低、损耗大等问题。通过对温度、时间等条件的有效测量、分析、管理，能够有效提升运输效率。部分专家指出，信息是物流行业的"精神系统"，冷链物流信息化建设是解决现存问题的重要途径。互联网信息化普及的背景下，传统农产品流通方式逐渐被新型流通方式取代，物联网、大数据、区块链、云计算及射频识别、GPS定位等技术的应用，能够识别跟踪农产品运输中各环节的动态信息和数据，能够实现供应系统信息共享交互和产品质量实时评估，能够有效简化冷链物流过程、提高冷链物流服务质量。

（五）农村电商物流绿色发展

我国电商物流行业绿色化发展存在不足，物流企业普遍缺乏绿色供应链管理理念和能力，物流政策、监管制度、评价标准等不健全。特别是在农村地区，农村物流运输工具仍以传统高耗能、高污染交通工具为主，农村电商绿色物流发展受到制约。

二、我国农村电商物流发展情况

（一）农村电商物流网络体系不断完善

2014年，国家提出建好、管好、护好、运营好农村公路的要求。全国各地加快推进农村公路建设，提升农村路网功能，推动"四好农村路"发展，为农村电商物流的发展奠定了坚实的基础，货物运输的能力、安全性、效率显著提高，促进了各类产品在农村地区和城乡之间的加速流通。

随着农村电商发展对仓储配送需求的迅速增长，各地区积极推进电商物流产业园、分拨中心、基层网点等建设，规划修建物流枢纽，构建三级农村物流体系。例如，吉林加快农村物流网络布局，2020年8月实现县级物流网络覆盖率100%，乡镇网络节点覆盖率80%；云南加快农村物流体系建设进程，2020年底实现县级物流集散中心覆盖113个县（市、区），乡（镇）快递网点覆盖率达到99.8%。通过我国三级农村物流体系的不断完善，为全国农村地区每日约1亿件包裹的寄递搭建网络平台和顺畅渠道。

（二）市场主体进入农村电商物流市场

为了更好地推动农产品进城、工业品下乡的双向流通，邮政加快农村网点建设，目前，我国农村所有乡镇已建设邮政局所，建制村全部实现直接通邮。在推动网点全覆盖的同时，政府不断提升服务水平。例如，山西太原全部建制村的邮政投递由每周

3 班提升至每周 5 班以上。

伴随各级政府的政策引导和农村电商物流市场的壮大，菜鸟物流、顺丰速运、京东物流、"三通一达"等大型企业纷纷在农村地区设点布局，快递网点乡镇覆盖率由 2014 年的 50% 发展至 2021 年 7 月的 98%。例如，菜鸟乡村于 2019 年至 2021 年 8 月在全国 1000 多个县设置了 3 万多个共同配送点；顺丰自 2014 年起着手开通樱桃空运专机，并与高铁合作开展生鲜专线服务，把保存期短、运输条件要求高的樱桃及时送至消费者手中。

国内很多地区结合实际情况，积极培育发展本土物流企业，如江苏省丰县交通物流公司、河南中原四季水产物流港股份有限公司等，这些本土物流企业在当地农村电商物流市场中占据重要地位。

（三）农村电商物流发展政策体系逐渐形成

随着我国互联网的普及和电子商务的快速发展，网络购物日益普遍，快递物流需求增大。2014 年开始启动全国电子商务进农村综合示范县项目，紧接着出台的关于物流业发展中长期规划、促进快递业发展等文件中均涉及农村电商物流相关内容。

2018 年，国务院办公厅出台文件，指导推进电子商务与快递物流协同发展。交通部为加快推动农村物流网络节点体系的建设，于 2018 年底出台相关文件，对农村物流的网络节点覆盖、运营模式创新、信息化建设、装备推广应用、龙头骨干企业培育等提出了具体要求。2020 年，国家层面针对电商物流密集出台多项文件，中央一号文件提出对延伸农村地区物流服务网络给予支持，国家邮政局出台快递进村的三年行动方案。此外，相关部门制定出台关于农村交通运输综合信息服务平台、冷链物流基地、快递绿色包装等相关专项文件。

作为"十四五"规划开局之年和全面建设社会主义现代化国家新征程起步之年，2021 年初发布的中央一号文件，对新时代如何进一步推动农村电商物流发展以及促进农村消费指明了方向。

三、我国农村电商物流发展路径

（一）推动农村电商与物流深度协同

随着我国电子商务与物流的快速发展，虽然两者的协同度有所增进，但仍面临发展不协调的问题，农产品上行中，电商与物流共生关系表现为"非互惠协同共生"，成为乡村产业发展掣肘；工业品下行中，电商与物流在偏远地区矛盾突出，难以很好地满足农民生产和生活需要。因此，需要加快推动农村电商与物流的深度协同：一是在乡村振兴战略实施中把电商与物流作为有机整体，从全面、系统的角度有序推进两者的规划布局、方案设计和项目实施。二是加大相关政府部门之间的沟通协调力度，推动农村电商与物流的政策协同，避免政策冲突或衔接度不够，统筹构建农村电商物流发展政策支撑体系。

（二）加快农村电商物流设施设备升级

农村电商物流设施设备与城市相比仍然存在较大差距，物流装备落后、信息化程度低、运作成本高是阻碍农村电商物流高质高效发展的瓶颈。因此，需要加快推动农村电商物流设施设备升级：一是进一步加快电商物流产业园、分拨中心的建设，同时整合农村电商物流资源，利用现有设施加快建设村级寄递物流综合服务站，推动农村物流向村级延伸。二是加大财政投入力度，发挥财政资金"四两拨千斤"的作用，引导更多社会资本进入农村电商物流设施设备信息化、智能化建设领域，同时，加快包装生产设施设备升级改造和工艺创新，推动绿色包装的生产和利用。

（三）优化农村电商物流末端配送

农村地区物流配送目的地分散、规模小，是电商物流"最后一公里"面临的客观现实，其所带来的配送成本高、配送不及时、不规范等问题对农村电商物流和乡村产业的可持续发展产生了不利影响。因此，需要进一步优化农村电商物流末端配送：一是加大政策支持力度，整合优化配送线路，积极引导电商物流企业以多种方式探索开展共同配送，有效提高仓储配送效率，破除农村电商物流末端配送困局。二是电商物流企业加大对从业人员培训考核力度，提高投递时效性，降低货物破损率和丢失率，有效提升农村地区末端配送服务水平。另外，政府要加大监管力度，对违法违规行为进行清理整顿。

（四）加大农产品冷链物流发展

农产品冷链物流对农村电商的发展有着重要影响。我国农产品冷链物流的发展相较美国、德国、日本等国家起步较晚，且国内沿海地区冷链物流相对发达与中西部地区生鲜农产品批发交易相对聚集形成矛盾，因此抑制了农村电商的发展。因此，我们需要加快农产品冷链物流发展：一是各级政府应重视农产品冷链物流的薄弱环节和风险隐患，以顶层设计、政策加码、监督管理为抓手，着力推动冷链物流规范建设。通过补短板、强弱项，不断提升冷链物流对生鲜农产品交易的支撑能力。二是冷链物流市场主体要做好中长期发展战略规划，紧抓全面推进乡村振兴战略所带来的重大机遇，进一步挖掘国内农产品冷链物流市场潜力，勇于开拓中西部地区农产品冷链物流市场，充分发挥市场在资源配置中的决定性作用，从而推动我国农产品冷链物流的发展。

第四节　农村电商企业经营风险

电子商务在农村经济发展过程中扮演着十分重要的角色。在农村，电子商务的应用不仅在模式、渠道和人才等方面促进了农民增收，同时也进一步解放了农村人口的购买力，加快了电商渠道的下沉。在这种利好形势下，农村电商企业如雨后春笋般出现，以自营或第三方的运营模式向客户提供服务。然而，诸多农村电商企业照搬城镇电商企业的运营模式开展电子商务活动存在许多问题，给在农村环境下电商企业的运营带来了较大风险。这些风险的识别、防范及采取何种应对措施是农村电商企业经营者目前亟须解决的问题。

一、农村电商企业经营风险的主要表现

企业经营风险指企业在生产经营过程中，由于一些难以预料或无法控制因素的影响，以及企业难以对外部环境变化及时作出调整，使得企业实际收益与预计收益相互背离的一种不确定性状态。基于农村电子商务视角，企业的生产经营过程主要受物流风险、法律风险、人才风险和安全风险四个方面的影响。

（一）物流风险

相较城市，物流企业受农村地广人稀、交通不发达等因素的影响造成配送成本的上升、投入产出比的下降。因此，第三方物流企业网点的建设普遍止于区、县一级，导致农村物流基础设施建设不完善、功能不完整等问题，达不到一些农村电商企业对于物流的要求，并制约着企业的发展。另外，第三方物流企业为了加强管理会授权末端网点以农村代理网点代为管理，而末端网点为了更好地利用各种资源，通常会在以代销点、超市等为依托的基础上进行多个物流站点的代理，这就在一定程度上影响了末端物流配送服务的质量，降低了农民在线购物的体验感，加大了农民对在线购物的风险感知，增加了农村电商企业开展电子商务活动的风险。

（二）法律风险

在法律层面上，站在企业经营角度来看，主要存在电子支付风险、知识产权侵权风险和消费者维权风险。其一，稳健的电子支付机制是电子商务交易活动正常开展的根本保证。近年来，虽然有关部门出台了多项制度与文件来规范电子支付，但从整体上来看，政策制度之间不连贯、缺乏一致性，使网络支付的安全保障大打折扣。其二，在农村，农民是电商经营的主体，但农民法律意识淡薄且大多不掌握类似修图、设计商标和营销活动等有关技术或知识，容易模仿或窃取他人的智力劳动成果，如图片、

商标和宣传推广方案，因此会造成严重的知识产权侵占问题。其三，由于参与农村电商经营的法律主体众多，不易划分主体责任。在消费者维权时，会投入相对较多的时间、资金成本，因此会打击了维权主体的积极性，不利于农村电商企业与客户建立长期良好的合作关系。

（三）人才风险

电子商务是以互联网为依托发展而来的，是由计算机网络技术、市场营销、管理学等多学科知识交叉形成，需要专业人员来确保电商企业效益的最大化。而在农村，由于家乡的落后及不便，年轻人要么选择进城打工，要么升学，了解电子商务的人越来越少，造成了农村地区电子商务人才的稀缺问题，并严重阻碍了电子商务在农村的发展。电商企业的运营不仅需要具备专业知识技能的电子商务从业者，也需要优秀的管理团队，如何吸引和培育优秀的人才在农村开展工作，以满足企业自身发展的需要是农村电商企业经营管理者亟须面对的一个重点。

（四）安全风险

计算机网络是电子商务发展的基础，在互联网飞速发展的今天，黑客为谋求巨大利益会随时非法入侵防护设施相对较弱的农村电商企业，黑客会进入数据库盗取消费者个人信息并对其进行非法销售，或受他人委派蓄意破坏企业系统。另外，网络病毒也在无时无刻地对企业电商活动造成威胁，可能由于某个员工的操作疏忽下载非法软件、点击非法链接或访问非法网站使病毒入侵计算机，造成数据的损失或破坏，甚至整个内联网系统的瘫痪。除此之外，由于受到农村网络基础配套设施的不完善、企业财力的不足等因素的影响，企业在网络软硬件设备购买上会偏好于低价网络设施，这些设施具有较高的概率会出现网络安全漏洞，且不能高效处理网络任务，在访问高峰期有较大概率会出现网络拥堵现象。上述问题的存在都会加大农村电商企业的网络安全风险。

二、防范农村电商企业经营风险的主要措施

由上述可知，我国农村电商企业在开展电子商务活动时会受到不同因素的影响，这些因素会对自身的经营造成风险，并阻碍自身发展，不利于电子商务在农村的进一步应用与发展。因此，农村电商企业经营者必须在考虑农村特殊环境的基础上，加强对各类风险的防范与控制。

（一）助力基层物流体系建设

农村电商企业在物流方面存在诸多问题，应当首先解决道路交通问题，"要想富、先修路"，对于农村物流也是如此。其一，农村电商企业应积极响应政府号召，结合已

有的运营数据，进行合理分析与研判，向政府提出合理的道路修建、维护建议，促使早日建成高效的农村公路网；其二，企业可以联合区域内其他农村电商企业或从业者通过签订长期合同或者投资的方式培育适合当地农村物流配送的企业，这将有利于多种渠道的整合，以及物流资源的利用效率、物流运营的专业化和规范化水平的提高；其三，农村电商企业还应通过加大对产品包装与投放的创新力度来规避物流风险，可以对产品包装和放置依据地形、收货地点远近等因素来采取不同的封装与投递。具体而言，地形较为复杂、收货地点距离较远的交易订单，企业可以为产品增加柔性材质的包裹材料和放置成熟度较低的产品以降低在物流过程中产品或包装的损耗。

（二）增强法律意识，完善法律制度

虽然 2019 年初正式颁布与实施的《电子商务法》为农村电商企业的发展提供了行为遵循和法律基础，但其并未考虑农村电子商务的特性，难以单纯凭借此法解决农村电商中遇到的新情况和新问题。因此，农村电商企业经营者要积极参与有关部门的普法活动，提高自身法律意识和法律素质，明确企业在经营过程中需要承担的责任与履行的义务。另外，企业经营者定期组织管理层参观电子商务企业示范园，学习他人先进的经营技术手段，降低企业员工因缺乏技术而做出侵权行为的可能性。同时，企业经营者要不定时地邀请法律从业者对企业近期的行为进行分析，及时查明可能出现的违法行为。如在企业开展电商活动过程中出现了无法有效解决的法律问题要及时向有关部门反映，以明确各主体责任，划分责任界限，确保企业自身做到合法经营、依法经营、按规经营，提高对企业自身的法律保护能力。

（三）设立人才培养与吸纳机制

人才是企业之本，是企业持续发展的动力。其一，在人才培养与引进上，农村电商企业经营者可与所在市县的高校进行合作采用订单式人才培养模式，保障企业人才来源的稳定性；其二，在企业内部制定合理有效的激励措施，促使员工积极主动地学习电子商务知识，来提高其电子商务经营能力与职业素养；其三，可以结合政府的人才引进政策在住房、职称评定、子女就学和配偶工作上给予帮助，来提高人才回到家乡、建设家乡的决心与动力；其四，企业要协助政府夯实公共基础建设，增强家乡的吸引力与号召力，强调在外人才的家乡情怀和个人价值的实现，吸引外出求学的学子和在外企业家回到家乡。回乡人才只有在物质与精神都得到满足的基础上开展工作，才会真正地融入家乡建设的伟业之中，更好地为企业和家乡服务。

（四）建立高强度的安全管理体系

伴随互联网技术的不断发展，网络安全对农村电商企业的威胁也日益严重。为有效提高电商企业的网络安全性，企业管理者应做到以下三点：其一，强化员工的安全意识，农村电商企业应邀请网络安全方面的从业人员对员工进行网络安全培训，并安排专人对口令进行定期修改，同时还要制定归责条例，一旦出现问题，让责任明确到个人，以提高管理者和员工的网络安全意识；其二，企业要加强对系统的维护，聘请专业技术人员定期对硬件进行维护检修、对软件进行更新迭代，结合先进的技术防范安全隐患。同时，对于易受攻击的消费者信息、交易数据等重要文件数据应进行重点加密、镜像储存和异地备份，并明确浏览权限；其三，电商企业联合乡镇政府加强与三大网络通信公司的合作，加快和提高对本地区网络设施的建设与投入。

受限于农村的地理位置，农村电商企业必然会受到不同于城镇电商企业经营模式的环境因素影响，企业经营管理者必须要尽早识别可能出现的风险并及时防控，协助配合好政府的物流体系建设，提高企业整体的法律意识，加大对人才的引进与培养力度，通过建立有效的安全管理机制来保障企业的正常经营与持续发展。

第二章 农村电商的发展

第一节 "互联网+"农村电商发展

一、"互联网+"背景下的农村现状研究

电子商务带给农村的不只是一种销售方式，而是一套新的运行体系，借助专业化、规范化的推广方式、采购方式和管理方式，让农产品的质量以及产量都得到了提升，同时还增加了农产品的销售量，将农村经济发展带上了康庄大道。

现代信息技术的应用，可以促进农村产业结构的调整以及农村经济发展模式的优化，可以依靠政府给予支持的资金，将信息化产业链变得更为专业。当然，在做好这些之后会吸引来更多人的眼光，而当这些人被吸引来之后，各种资金以及技术也都会随之而来，这对农村未来的发展有益无害。同时，提升农村经济信息化程度也会让更多的农民自发地参与到电子商务的发展中，使电子商务在农村的发展规模不断壮大，这对缩小城乡差距有着重要的意义。

二、农村电商发展之重要性

（一）推动农业生产方式多样化

在传统农业生产过程中，农民多采取人工的生产方式，在面临大范围的农业作业时就会显得力不从心，从而导致农村经济增长速度缓慢。而在互联网大环境背景下，积极应用电子信息技术，可以促进农村电商的发展，进而对农业生产产生积极帮助。对大面积的农业作业，农民可借助大型机械完成，之后可以通过农村电商对生产出来的农产品进行销售。在农村，传统的农产品买卖往往采用单一的一对一方式，而这种方式显然已经不适用于当下，因而农村电商的兴起才有其必然性。农民可以借助"互联网+"的模式，通过互联网售卖其所收获的农产品，通过一对多、多对多等交易方式将农村生产出来的大量农产品销售出去。与此同时，农民的经济收入也能得到增加，

可谓一举两得。另外，基于农村电商经济贸易模式，以往在完成农产品种植与收获之后便闲暇在家苦于无挣钱渠道的农民也可拥有另一种身份，将自己生产出来的农产品进行加工、包装、销售，从而使大量农村闲置劳动力发挥其价值，在自身获取更大利益的同时，也可为整体国民经济的增长贡献一份力量，从而带动全村居民共同致富。

（二）实现农村生活方式多样化

过去，农村的经济水平虽然得到了一定提升，但娱乐方式单一、生活枯燥，使农民的身心得不到相应放松，最终引发了一系列社会问题。农村电商的发展可以促进民众生活多样化，促使农村生活方式丰富多彩，从而使农村的娱乐项目及娱乐方式与经济水平和消费水平更相适应。当下，农村的经济发展使得群众不再满足吃饱穿暖，在没有了经济方面的后顾之忧后，大家对于享受生活更为看重与追求。因而，为了迎合农村消费市场与群众消费心理，大力发展与推行农村电商已经是大势所趋。农村电商的推行与繁荣发展可使群众消费水平与消费心理得到更大提高与满足，使他们足不出户便可买到想要的东西，有利于推动农村消费市场及农民的消费水平与国内消费市场及城市的消费水平接轨，从而使国内整体消费市场与消费水平迈向现代化。同时，农村电商依托互联网，可为农村居民提供多种多样的物品和资源，最大化地满足他们的消费需求，在推动国民经济发展的同时，对社会稳定亦可产生积极影响。

三、农村电商所面临的问题

（一）农村电商发展政策和资金支持不足

近年来，我国对"互联网+"农业给予了更多关注，颁布了一些相关的政策，这为农村电商的发展带来了更多机遇，但是由于我国幅员辽阔，很多地区并没有享受到这些政策，电商发展还比较缓慢。为什么会有这个问题出现？每个地区的农村所面临的问题不一样、所拥有的基础条件也不一样，当然各地的相关政策及资金支持的力度也不一样。很多地区的政策都是以鼓励为主，并没有实质性的政策及资金帮助。还有一些地方是不断地给农民开会，不断地宣传口号，但是却不实际下乡、不手把手教，而很多年纪大的农民由于各种原因可能都不识字，更不要说只是在鼓励下去接触网络了，这也对农村电商发展产生了很大阻碍。电商带给人们的是直接利益，在这个因素的影响下，政府更多的扶持与帮助往往会流向更具有潜力的地区，最终造成地区与地区之间的差异越来越大。

（二）农村地理条件差

部分农村地区没有办法发展电子商务或者发展电子商务比较困难，主要原因是地理条件太差。很多小山村交通状况太好，在发展农村电商方面存在很大阻碍。同时，因为地处偏僻，一些村庄连网络都没有，更不要提发展电商了。而且，在这些地方，就算有网络也会因为地处偏远、运输困难而使运费变得很高，从而极大地削弱了商品竞争力。不仅如此，农村电商出售的一般多是农产品，而农产品作为入口的食物，讲究的就是新鲜，最好可以现摘现卖，所以在包装以及运输方面要比其他的产品要求更高，这无疑增加了销售成本。另外，在偏远的农村地区，很多设施以及加工条件都是有限的，因此，这些地方的农村电商只能出售基础农产品或者半成品农产品，这就会导致这些地方的经济效益不高。

（三）农村网络应用环境差

如今，虽然很多人感觉网络已经在我们的生活中无处不在了，甚至觉得它就像我们身边的空气一样，但是在我国仍然有一些地方的网络是不能满足实际需要的，尤其是和城市相比，我国很多农村地区在网络建设方面仍然有着不小差距。在一些农村地区，农民家里如果有了网络就像 20 世纪 90 年代初谁家里有了电视机一样稀奇，很多村民认为网络是有钱人才能用的，从中我们可以明显地感受到农村地区互联网基础设施建设的落后，这也导致目前还没有办法在农村地区实现网络全覆盖，因此，在地理位置越偏僻的地方，农民就越不容易接受网络。同时，在农村电商发展过程中还有一个更为严重的问题——现在的农村，大多是老人和小孩留在家里，他们根本不会在网络上进行操作，这也是当前农村电商发展过程中存在的最大障碍。

（四）农业生产方式落后

现如今，很多农村地区的农业生产方式仍然和从前一样，但是随着农作物生产成本的逐渐增加，农业生产的利润也在不断减少。另外，农村生产大多是以家庭为单位的，这种落后的生产方式非常不适应当下社会的发展。为了能够适应社会的发展，农业生产应该不断地向规模化的方向发展。但是，农村的家庭生产方式已然根深蒂固，想要改变谈何容易？因此，农业生产方式的改变任重道远。

（五）农业生产机械化水平不足

在很多农村地区，以家庭为单位的生产方式比较普遍，意味着每个家庭的生产量都不会大，因此很难用到大型农机，同时，单个家庭是没有办法承担租用大型农机的费用的，这就造成农业生产机械化水平比较低，而农业生产机械化水平低就说明农业生产需要有大量的人力和财力支持，这些都会让农业生产成本变得很高。

（六）农民综合素养不高

在农村，因为信任问题，很多人拒绝采用电子支付的方式收付款，这给电子商务的发展带来困难。其中的根本原因在于大多数农民所受的教育有限，不能有效了解农村电商背后的机遇以及其所能带来的经济效益，当然他们也因此很容易看不到经营上的风险。面对这个问题，只有提高农民综合素养这一条路可以走。

四、"互联网+"背景下农村电商发展策略

（一）为电子商务发展营造良好的环境

随着我国网络覆盖率的不断提高，我国农村地区基本实现了4G网络全覆盖，但部分农村地区因为受到各种因素影响网络信号并不强，这种情况成为阻碍我国农村电商发展的一大原因。因此，在实现农村网络全覆盖的基础上，应快速提升网络通信质量，提升农村地区的网络信息收发能力，打通供需通道，这将对促进农村电商发展具有重要作用。此外，农村地区的道路交通基础设施也需要相应优化。农村交通问题将直接影响农村电商的物流成本及农村电商在网络平台上的竞争力，进而影响农村电商的未来发展。

（二）打造本土电商优势

我国幅员辽阔，每个地区都有自己独特的农村资源，因此，要因地制宜，合理发展和挖掘当地发展农村电商的特点和优势，充分利用当地资源为地方和农民带来经济效益。例如，四川地区的一种特产是枇杷。该地区的枇杷皮薄、肉厚、味美，享誉全国，因此可以利用京东完善的销售渠道，将枇杷销往全国各地。同时，因为京东网络平台拥有高效的物流配送系统，所以选择它能够成功地降低当地枇杷的销售成本。

（三）改善融资环境，提供资金支持

要立足城乡发展现状，构建规范化、系统化的电子商务产业链，为农村电商的发展开辟更广阔的道路，借此吸引更多的农村青年加入电子商务的发展中，加速农村经济发展进程。部分企业由于缺乏电子商务经营和管理经验，很容易出现资金短缺的问题，这对企业发展极为不利。政府和相关部门要对该部分企业提供帮助，通过加强与银行的合作，为其提供低息或无息贷款，助力农村电商的发展，切实解决农村电商融资难的问题，推动农村小型电商走上发展之路，并以此为契机，拉动农村其他产业的发展。此举在提升整体的农村经济发展水平上有重要的促进作用。

（四）加大对农村的投入力度，缩小城乡差距

在推动农村经济的发展过程中，政府和相关部门有责任解决其中存在的问题，并将其作为农村发展的主要建设目标。在农村电商的发展过程中，政府要加大资金与技术上的支持力度，完善基础设施建设，引进高、精、尖互联网技术人才，构建全新的农村经济发展模式，找到城乡发展的不平衡因素并逐个击破，投入相应的资源，助力农村电商有序发展。

（五）培养电商人才，丰富电商知识

想要推动农村电商发展，在进行道路交通等农村基础设施建设之外，还需要加强对农村群众进行电商知识普及与电脑操作技术传授，这样才能使农村电商发展得到双重保障。针对制约农村电商发展的农村人口受教育水平低与电脑操作知识缺乏的问题，各地政府部门应当加大对其所在区域农村人口电商知识的传输与相关电脑操作技术的培养力度，使当地农村人口在互联网信息技术的应用能力得到普遍提高，避免新时期电脑文盲的存在，真正推动农民跟上时代发展步伐，实现国内人口素质向高水平迈进。而在农村人口的电商知识传输方面，各地的政府部门可以为农村人口开设免费的电商知识培育课堂，邀请大学生或者专业人士进行相关知识的传授，同时，各地政府也可以积极组织农村群众听电商相关知识讲座，促使其逐渐具备一定的电商专业素养。在开展组织相应的电商知识培养与电脑操作技能提升活动时，要充分考虑农村人口的学习能力，采取图画、视频等令大家乐于接受且易于接受的教学方法，使他们在学习电商知识与提升电脑操作技能时能够高效化，从而确保其在投身农村电商发展的过程中能够具备专业的素养，实现个人创造价值的最大化。

综上所述，随着我国经济实力的不断提升，国家在摆脱贫困和实现共同富裕的道路上快速前进，尤其是随着我国电子商务相关技术的快速发展，人们已经养成了网上购物的生活习惯，电商已经成为发展潮流。然而当前依然存在农村电商政策和资金支持不足、农村地理条件较差、农村网络应用环境差、农业生产方式落后、农业生产机械化水平不足、农民综合素养不足等问题，对此，笔者提出通过打造本土电商优势，为农村电商发展营造良好环境，改善融资困境、提供资金支持，加大对农村的投入力度、缩小城乡差距，培养电商人才、丰富电商知识等措施，为农产品顺畅进入网络销售市场提出了建议。

第二节　数字经济时代农村电商发展

农业、农村、农民问题是全党工作重中之重，与国计民生紧密相关。近年来，农业农村现代化建设进程不断加快，农村电商发挥了积极的动能和载体作用，开启了农民创业致富的新路子。利用电子商务跨时空性和市场优势的特点，实现有效供需对接，一方面为优质农产品外销提供了新技术和新通路，另一方面为乡村振兴提供了新动能，加快培育特色优势产业，从而拓展了更加广泛的市场，帮助农村人口解决农产品销路，多渠道增加农民收入，促进农村一二三产业融合发展，成为国家乡村振兴和农业供给侧结构性改革的重要手段。

一、数字经济时代下农村电商助农发展的保障与意义

（一）政策支持

为了加快农村和农业现代化建设，全面实现建成小康社会的奋斗目标，我国提出了乡村振兴的伟大战略。在乡村振兴战略中，农村电商发挥着举足轻重的作用，利用线上平台的优势，不仅能够使农民发家致富，还有助于挖掘农村休闲旅游资源，优化农业品牌项目，从而确保农产品的规范化生产和加工，并形成品牌效应。

（二）重要意义

农村电商是数字经济的重要元素，在新时期背景下它不仅成为"三农"发展的引擎，还能够促进乡村产业振兴，是帮助农民致富的有力载体。近年来，农村电商如火如荼地开展，使得农村产业市场深度拓展，缩小了城乡差距，传统农产品销售模式得到了根本性转变，加快了原有农业产业的转型升级。通过培育农村电子商务市场主体，很多农产品基本实现了线上销售，为农民就业、创业、增收起到了积极的作用，从而引领农业生产向社会主流化趋势发展。

首先，基于农村电商的特殊优势，为了迎合市场和消费者的需求，产品的区域性特色明显，加速了产业的新时代转型升级。在电商企业和大数据的指导下，定制化生产日益兴起，同时催生了配套产业集群，带动了周边产业的迅猛发展，促进农村和城市快速接轨。

其次，农村电商有助于促进乡村人才振兴，农村电商的兴起让更多城市青年、农村籍大学生和创业者来到农村，通过寻找适合自己的发展项目来实现自己梦想，更多的人才源源不断地涌入农村，很多人逐渐成为乡村致富的带头人，一来增加了乡村人才的回流，二来对解决农村就业问题起到了积极作用。

最后，农村电商能够促进乡村文化、生态和组织的发展。大量淘宝村、微商村诞生，新的理念不断冲击着农村居民传统的经济思维。经过农村电商的知识的培养，农村居民陆续跟上了网络时代的节奏，农村社会建设日趋和谐，从而推动农村电商转型升级，为乡村振兴带来助力。

二、农村电子商务发展模式分析

（一）"电商 + 优质农产品"

我国幅员辽阔，不同地区都有独特的农产品。通过对接电商平台销售优质农产品，既保证了农村合作社的统一规模化生产，同时还可以集中力量打造农产品网络名牌。通过农产品网上销售来实现资源合理配置下的集中销售，释放乡村振兴新活力，极大

地满足了市场对优质农副产品的需求，扩展了农业产业的延伸价值，进而取得很好的经济效益。

（二）"电商＋特色产业"

农村特色产业是助农发展的动力，以大数据和新兴技术手段为依托，通过打造大规模特色农产品产业链，借助电商的辐射力量，充分利用社会化平台资源，激活乡村振兴新动能，可以有效提升农产品附加值，实现对生产、销售的全过程追溯，有助于农村电商与乡村振兴的统筹衔接。

（三）"电商＋扶贫服务体系"

目前，由政府和电商平台牵头的电商扶贫服务站点，可以帮助农民开办网店，拓展产品销售出路，让农民足不出户就可以将生态农产品放在网络上进行销售，这样一来缩减了农户和消费者之间距离，二来更让农民得到更多的实惠，增加了农村发展活力，助力脱贫攻坚取得决定性胜利。

（四）"电商＋乡村旅游"

乡村旅游是近年来的热门产业，基于电子商务宣传辐射的影响力，越来越多的人被山村休闲旅游所吸引。随着休闲农业、乡村旅游的日益成熟，新型城镇化将得到进一步完善。国内特色乡村旅游景区数量激增，营造出优美宜居的人居环境，同时也带动了当地特色农产品的销售。

三、农村电商发展存在的问题

近年来，农村电商发展势头迅猛。虽然农村电商发展前景十分广阔，而且目前正处于良性发展时期，但由于农村电商起步较晚，电子商务领域依然存在落后的环节，其中存在的问题亟须得到解决。面对不利的影响因素，还需要有关部门重视，进而采取有效应对策略予以化解。

（一）产业链延伸做得不到位

产业振兴是乡村振兴的坚实基础。纵观我国农村电商发展历程，不难发现其整体发展还相对滞后。一来农村电商倒逼新产业培育的完善，农民产业规划缺乏清晰的思路。二来乡村产业链延伸还有待于完善，物流配送网络不够完善，电商产业的发展环境亟须提升，很多产品缺乏全程质量监控，导致农产品附加值低，没有形成一体化产业群集，无法满足全国性消费需求。

（二）农产品品牌发展问题

目前，一些地区农业发展缺乏内在动力，同时受物流基础设施建设滞后的影响，销售末端配送乏力问题突出。另外，农村电商产业缺少规模化和产业化，品牌建设意识薄弱，优质农产品小而散，质量标准化管理与整合培育体系亦不健全，未形成产业集聚效应，农产品质量参差不齐，导致农产品市场竞争力不足。

（三）高端人才匮乏问题

随着农业现代化的发展，对高端人才的需求与日俱增。虽然目前农村电商人才不断涌现，但是从社会需求的角度分析，高端人才仍存在巨大缺口。另外，农村地区生活水平有限，高端人才引进难度大，而现有的乡村人才培训机制仍无法解决此类问题。

（四）容易引发新的生态问题

目前，农村电商产品溯源机制尚未形成，一些农民为了个人利益使用超量的化肥及农药，却难以查到源头。这不仅会对土壤和自然环境造成危害，还会严重影响农产品的质量安全，让消费者对产品失去信赖。特别是在养殖产品加工技术链中，废弃物的净化和转化环节仍存在纰漏，残料利用率低，容易给生态环境带来不同程度的污染。此外，包装及捆扎材料等废弃物的处理不当也是引发生态问题不可回避的因素。

四、数字经济时代农村电商助农发展的优化路径研究

（一）壮大电商经营主体

依托互联网模式提供的内生动力，积极引进知名电子商务企业，与网商平台交易方式联动，激活乡村振兴新动能。加强"规模化"政策引导，从优化服务出发，强化农村电商发展的资本保障。发展专业性电子商务平台，加快培育传统企业的电子商务，提高产品研发能力，加大本地电子商务平台的构建力度，打造跨区域资源共享平台，带动产业链上下联动式发展，保障农产品的销售活力。加强监控，强化追溯体系建设，充分发挥电子商务协会功能，深入挖掘资源潜力，搭建专属电商生态环境，大力推广冷链物流核心技术，依托供应链、产业链等模式创新，打造农村"智慧物流"供应链体系，打通物流体系的"末梢神经"。引入实力强劲的电商第三方服务机构，加强电商与物流企业的信息对接，提高集约化的建设和利用水平，促进生态品牌农副产品基地建设，优化农村物流配送体系。构建"农村电商＋特色乡村文化"新模式，营建乡村振兴新生态，为农村电商提供便利、可靠的消费渠道，用品质赢得销路、赢得市场，促进农村电商的可持续发展。

（二）强化电商品牌建设

品牌就是影响力，农产品必须质量先行。农村电商企业要保证农产品的品质标准，就需要规范农村电商交易行为，利用互联网信息传播优势，加大电子商务线下产品的研发力度，营造农村电商发展的政策环境，打造绿色优良品牌印象。积极引进知名电子商务企业，在生产销售环节、监督环节上下功夫，提高产品的研发能力。利用数字经济时

代赋予的机遇，将特色文化引入农村电商，统一包装、统一标准、统一质量，打造和推广农村产品特色有机认证、绿色认证品牌，便于消费者识别，为农产品的销量扩宽市场。成立专门的农村物流服务公司，借助现代科技如虚拟现实技术，积极开展农产品原生态精品网销品牌及特色品牌培育，重点培育农户专项合作机构，鼓励农产品加工企业转型，推动农特产品质监管，创立农产品安全检验制度。强化农产品的可追溯性，健全农村电商生态服务体系，增加消费者对农村电商的信任度，使优质农产品尽快对接大市场。

（三）提升电商服务水平

人才振兴是乡村振兴的重要支撑，需要将培养和引进工作齐抓并进。以互联网为载体，顺应消费升级需要，统筹整合各种培训资源，实施返乡创业培训，养好"返乡大军"。建立人才培育体系，拓展劳动力就业空间，用好"服务大军"，激发农村电商群体创业的内在动力。构建电子商务公共服务平台，整合"三农"金融服务中心功能，培育和壮大农村电子商务市场主体。提高农民的综合素质，培养本土农村电商人才，加大电商专业技术人才的引进力度。加强电子商务线下产品研发，打造综合性电子商务运营服务平台，推动标准化生产、规模化经营，提供可靠的消费渠道。加强共性技术服务平台建设，发展本地电子商务平台，运营平台要选取选优质农产品，设立"特色馆"，形成稳定的购销关系。巩固社会化平台资源的优势，同时开展"线上＋线下"营销模式，利用好微博、抖音、快手等新兴渠道加强宣传推介，同时融合当地文化旅游业，完善县、乡、村三级物流服务体系，提高配送效率，使乡村生态良性发展，为宣传当地特色农产品和旅游资源提供保障。

（四）健全电商支撑体系

建立跨区域资源共享平台，按照标准的物流业服务流程，综合统筹、统一规划。持续深化"管服"改革，充分发挥电子商务协会功能，强化农村电商人才支撑，健全电商人才保障、电商安全服务、城乡物流配送体系，实现集约化、规模化经营，促进科技成果的市场转化。同时鼓励各地与电商企业对接，全面提升信息基础设施建设水平，进一步优化电商发展环境，促进农村对电子商务行业监管及信息基础设施的建设，开展多业态混合经营，营造良好的区域网商文化和网络市场诚信体系，调动广大农民的积极性，形成强大的凝聚力。借助新兴技术创新监管模式，释放乡村振兴新活力，带动农村电商发展，促进农村网络经济健康有序发展。

总之，在数字经济时代下，大力推进农村电商发展，不仅是时代发展的必然趋势，而且是助力乡村振兴的有效路径。电子商务作为一种新兴产业，地方政府应抓住产业发展优势，发挥统筹协调作用。各职能部门要有效协同打破信息壁垒，细化实施相关激励政策。构建"电商＋产业＋扶贫"发展模式，引导电商物流资源进行市场化整合，加快农村电子商务人才发展，积极培育优质农产品产业品牌，采取"造血"与"输血"

并举的途径，让互联网真正扎根农业，形成农村电商和助农发展的联动机制。借助新兴技术创新监管模式，进一步提高电商助农的精准度，满足消费者的知情权，促进农村网络经济健康有序发展。

第三节　基于 SWOT 的农村电商发展

近年来，国家不断加大对农村信息化建设的投资力度，不断提高农村的网络覆盖率，使农村越来越多的人能接触和使用互联网，电商的发展吸引了农村地区外出工作的青壮年返家返乡创业，减少了我国失业人口的数量，在一定程度上有利于社会稳定发展。随着农村人口知识的普及以及互联网智能化设备的普及，农村逐渐成为电商的一大沃土，越来越多的农村本地人，通过合理利用农村互联网，充分发挥农村土特产的优势，通过农村电商实现了脱贫，并且增加了不少的收入。本节将基于 SWOT 模型，对当前农村电商进行定性分析，根据农村电商发展的实际状况，提出未来农村发展的解决方案，以期给乡村振兴战略实施提出具有参考意义的思路。

一、农村电商的闪光点

（一）巨大的市场潜力

我国的农村人口占比较大，近几年，在政府大力支持下，电商的消费数据逐渐呈上升趋势。尤其是农村电商，很有可能成为未来最具潜力的市场，同时城市居民对农村的良好生态环境所产出的商品情有独钟。在市场方面，农村电商有着得天独厚的优势，对企业而言，在农村发展电商的好处有以下几种：我国农村地区现居住的人口比重仍比较大，所以在农村发展电商有足够的人力；农村电商的投入成本低，适合农村小成本创业；农村大型企业较少，因此农村市场竞争力较小，各式各样的商品之间存在非常大的差异化，这样就会使得市场的占有率非常高。

（二）电商自身的便利性

农村电商的出现，首先，可以直接充实农民的腰包，没有收购者也就是中间商，能够使农民的经济效益得到明显提升。其次，商品的价格直接由农民根据电商市场决定，农民可以有效地针对不同的消费者提供更多的选择。最后，电商的空间物理性非常强，在全国任何地方均可以购买，这是电商与传统商业最大的区别。

二、农村电商所面临的问题

（一）信息交流问题

现代社会的网络十分发达，但由于农村地区受传统生活方式的影响，在农村生活的人们交流方式仍集中在现实中面对面的言语交流，这种现象导致了农民虽然知道电商并且在一定程度上了解电商，甚至在日常生活中使用过电商平台，但部分人还是将市场活动集中在线下。这个原因是现实中的网络环境过于复杂，各种信息杂糅，许多人受此限制，不能有效地了解真实的网络环境和市场环境，他们只有对市场进行实地调查后，才能清楚真实的市场环境。与此同时，由于电商市场的发展，各大电商平台开始重视农村电商，推出了各种类型的、能够吸引位于农村地区的买方和卖方的机制。但由于农村的信息流通程度不及城市，导致农民不能完全理解这些电商平台的机制是怎样运作的，出现了许多农民同时在多家平台注册但其在各个平台的数据流量都不高、仅在一家平台注册但其市场扩展不充分等现象，这些都使他们无法让自己的利益最大化。

（二）市场环境影响问题

市场环境，不仅仅受宏观的影响。很多时候农村电商的市场环境也不仅仅是由市场决定，同时还由农村电商本身存在的问题所决定。首先，若农产品产量不高，一旦价格上涨就将导致供需不平衡，市场平衡将被破坏；其次，许多农民不信任电子交易模式，因此他们对农产品在电商平台的销售并不是特别重视，农村电商的进一步发展显得困难重重。由此可知，在当前市场环境下，农村电商的发展是存在一定困难的，短时间内只能考虑如何让农村电商的发展得到优化。只有消除广大农民对农村电商的偏见，让其熟知电商行业发展的重要性，了解农村电商的发展前景，才能够打开农村电商的发展市场。

三、农村电商的发展机遇

（一）政策激励

要想农村电商效益好，少不了国家政策的大力支持，眼下国家为了解决"三农"问题，颁布了多项能够促进农村经济发展和提高农民消费水平的优惠政策，为农村电商的发展创造了良好的政策环境。

（二）物流硬件成熟化

随着社会不断发展，中西部地区的交通环境也在不断改变，铁路、公路两个方面发展齐头并进。农村地区的交通设施有了质的飞跃，这为农村电商的开展增加了便捷性，攻克了农村电商下乡的一个难题。

（三）经济水平不断提高

时代在不停地变化，经济在突飞猛进地发展，农村环境也受到了很大的影响，最直观的就是农民的收入水平和消费水平两条线呈现直线上升趋势，其原因是常年在外读书和在外工作的部分村民摒弃了传统、保守的思想，接受了城市的先进发展思想，他们当中有人还将相关理念和知识带回家乡，在新思想观念的影响下，当地村民的思想也逐渐发生了改变。

（四）多平台推广支撑

农村电商要想发展得更好，就一定离不开电商平台的支持。例如，淘宝、京东、拼多多等大电商平台的支撑，以及与抖音、快手等当下最火热的直播平台强强联手，借助东风，顺势而为，不断发展农村电商。农村电商所呈现出的巨大效益更能够打破村民传统且保守的思想堡垒，有利于保持农村电商的良好发展势头。

四、农村电商环境的威胁

农村电商的威胁与劣势不同，本节劣势指的主要是在针对当下农村自身的市场环境和科技条件下，还不能有效解决的问题。威胁指的是农村电商发展存在的风险，主要包括内部和外部两个方面。

（一）内部需求难统一

我国是一个多民族国家，每个民族都有自己的民俗文化，因此在生活习惯、饮食文化方面都有属于自己民族的特色。农村电商有其自身的局限性，特别是本土的产品具有本地的特色属性，所以很难使农村电商产品得到全国性的普及和大众化。也就是说市场的需求是不稳定的，要想在全国市场中找到喜欢本地商品的消费者也不是一件容易的事情。

（二）没有形成良好口碑

农村电商要求从业人员必须学会使用相关的智能设备，如智能手机、电脑、扫描仪等。同时还需要进行产品的售后工作，为消费者答疑解惑，线上的交流沟通能够极大地体现出农村电商从业人员的基本素质，也是影响消费者下次购买的重要因素，如果没有形成好的口碑，就很难进行下一步的推广。

（三）物流分布不均匀

目前，我国各个物流公司除了邮政快递能够实现通达全国性的乡镇一级，其他私营企业的物流公司快递点很少做到。而农村电商的一大特点就是农村电商的发货地就是在村子里，甚至是在更为偏僻的田间，因此要做到物流及时跟上发货速度，物流的配套就要跟进。快递站点的设立，要根据当地的实际需求，确保每一个有人的地区快递都能够送达，特别是在偏远农村地区，只有快递点的覆盖面非常广，才能使消费者在退换货时得到及时处理。

五、解决方案

（一）大力培养电商人才

目前，国内各大职业院校充分发挥自身优势，在偏远地区的山村建立起电商学院，其目的就是为当地培养农村电商人才，普及电商的相关知识，使从事电商行业的农民可以尽快直接使用开展电商时所需要的设备，同时学会相关的经济知识、管理知识。大学生毕业后可以直接在家乡从事农村电商工作，他们不仅能够快速学习和掌握农村电商的相关知识，还可以开展电商宣传和技术培训等活动。

（二）强化政府服务职责

农村地区的经济是最为薄弱的，大部分留守在农村的从业人员经济基础较差，要靠农民自己独立出资开展电商行业是不切实际的。因此，政府需要搭建电商平台，对村民进行宣讲，通过宣传讲解让农民了解电商在全国的普及程度；乡镇等一级政府划拨农村电商专项资金，针对农村电商商品基础性的销售渠道进行专项招标；政府需要从意识上根本改变农民的保守思想；需要政府为农村电商提供运输、旅游、宣传等配套设施，解决农村电商的基础硬件问题。

（三）建立并完善农产品物流配送体系

目前，全国"村村通"工程全部完成，极大地解决了物流"最后一公里"的问题。农村电商产品还是以农产品为主，生鲜占比较大，对保鲜的技术要求比较高，因此物流配送体系需要引进先进的冷藏和真空技术，以保证产品的新鲜程度。

（四）加快农产品信息标准化建设

农村电商的市场较大，需求量也大。如果仅仅依靠纯手工和纯人工是很难保证产品的供给和物流的及时运输的。因此，这时候需要依靠机械化设备和现代化设施的支持，每种产品的生产需要严格执行食品安全标准或者相关的商品安全标准。特别是在作为当地的代表性商品出售时更要严格把关，做好产品、保证产品品质将是区域品牌建设的保证。另外，还要做好产品包装设计，不断提升产品的竞争力，同时要树立起产品的相关知识产权保护意识，坚决打击仿冒伪劣产品，保持农村电商的自身特色。

本节根据农村电商的优势、劣势、机遇等方面，给出对应的解决方法，从定性的角度去认识农村电商。农村电商是我国电商发展的一大特色，发展农村电商是农村致富的重要手段。农村电商的潜力比我们目前所认识的还要大，如何去开发这一巨大的潜力，需要社会各界有的放矢，既不可过于激进，也不能故步自封，要从根本上认识农村电商目前存在的问题，结合当下的各种新技术妥善解决，使农村电商在一个良好的环境下成长，切实保障农村居民增收致富。

第四节　新媒体时代农村电商发展

一、新媒体运营对农村电商的影响

位于浙江省西部的遂昌县，6年前还比较贫穷和落后，因为这个地方山区居多，耕地比较少，"九山半水半分田"是对其地形最好的描述，但就是这样的小县城通过多年的努力，在中国农产品电商领域做出了很大成绩，也带来了很大影响力。2012年遂昌县电商交易额达到1.5亿元，2013年1月上线淘宝网遂昌馆，2014年启动赶街项目，全面激活了农村电商。遂昌县初步形成以农特产品为特色、多品类协同发展、城乡互动的县域电子商务"遂昌现象"。遂昌县探索的步伐从未停止，逐渐升级为"遂昌模式"。最初的"遂昌模式"（称之为"遂昌模式1.0"）是一个服务商驱动型的县域电商模式，第三方电商服务商是整个模式的核心，而政府的政策支持对整个模式起到了一个加速器的作用。总之，多产品协同上线是"遂昌模式"的核心，产业环节由协会打通，政府政策扶持到位是关键。遂昌县与阿里巴巴达成战略合作，在服务商、平台、网商、传统产业和政府之间实现了有效互动，构建了新型的电子商务生态，不断助力县域电商发展。

成县作为一个传统的农业县，位于甘肃、陕西、四川三省交界处，隶属于甘肃省陇南市，也是"国家集中连片特殊困难地区秦巴山片区扶贫县"。成县通过微博来进行网络营销，取得了良好的效果，成县核桃的销售市场在扩大的同时，也给成县发展电子商务树立了坚定的决心和信心。简言之，成县模式的基础运作就是"农户＋网商"，立足山大沟深、交通不便、贫困面积广、脱贫任务重和农产品销售渠道单一、农民增产不增收的县情实际，整合能够提供的优质产品，如特色优质核桃、土蜂蜜等，以微博、微信等新媒体平台为营销途径，以推动农产品网络销售、助农增收为出发点和立脚点，以打造电子商务全产业链和建设县域电子商务大生态为重点，率先在全市乃至全省启动了电子商务工作，进行摸索实践。

通榆县位于吉林省，是典型的农业大县，物产丰富，多项农产品（如绿豆、葵花等）的产量居全国之冠，是我国著名的"杂粮杂豆之乡"。由于人才稀缺、物流不完善等原因，数年前，一直以传统方式（批发和零售）出售农产品，农村电商发展基础薄弱。为促进当地经济发展，决定开展农村电子商务活动，2013 年末，通榆县政府根据自身情况积极引进外援，与杭州常春藤实业有限公司开展系统性合作，为通榆农产品量身打造"三千禾"品牌。同时，配套建立电商公司、绿色食品园区、线下展销店等。初期与网上超市"1 号店"签订原产地直销战略合作协议，产品通过"1 号店"等优质电商渠道销售到全国各地；后期开展全网营销，借助电子商务全面实施"原产地直销"计划，把本地农产品销往全国。

（一）遂昌模式是平台主导的电商模式，专业化分工明确

众多网商通过本地化服务商进行农产品交易，农户更擅长种植农产品，只需安心做好本职工作即可，营销、交易等环节交给专业平台，快速提升了农产品的效益规模，但是该模式没有将"本土化"电商人才的培养作为关注点，难免出现人才难留和外流的现象，在一定程度上会阻碍电商的进一步转型和农村经济发展。

（二）成县模式走的是资源整合道路

在营销过程中，将当地能够提供的特色产品整合起来，然后充分利用微博、微信等社交新媒体的推广作用。成县电商的成功可以归结为三点：一是政府将电商作为主导型的产业活动，主导电商开局；二是集中打造特色产品，集中力量打造明星产品，再对其同类型产品进行补充；三是聚集全县人力、物力，齐力共同突破。

（三）通榆模式以打造品牌化为特色

一直以来，通榆农民销售农产品的渠道有限，缺乏品牌构建意识，通榆模式在走向成功过程中经历了品牌化三部曲：建立农产品分包装中统一包装——建立多层质检体系——加强产品溯源体系构建。然而，在融资方面存在一定的难处，导致农民销售可持续盈利能力较差。经济欠发达地区农村拥有独具特色的"原生态"农产品，但受到基础设施薄弱、电商人才匮乏、资金支持力度较低等多方面因素的制约，还面临销路困难的窘境。

通过分析上述三种较为典型的农村电商发展模式可知，平台驱动、资源整合和品牌打造是新媒体时代背景下经济欠发达地区农村借助电商技术弯道超车的关键。当下，农村电商也正逐渐向农村社交电商转变，很多产品凭借社交电商技术燃爆网络，成为网红爆款，短时间内聚集了很多流量。农村社交电商可以有效地将平台、资源和品牌融合，解决要素制约问题，实现电商模式的转型。本节在挖掘以上三种模式在经济欠发达地区农村运行的借鉴之处基础上，借助新媒体运营的羽翼，构建更适合经济欠发达地区农村长期发展的新媒体农村社交电商发展模式。

通过分析以上三种较为成熟的农村电商模式，我们可以发现，政府背书是不同地区开展电商取得成功的关键所在。政府具有公信力，更具备说服力，能很好地吸引大量消费者。经济欠发达地区农村普遍存在人才匮乏的情况，而当地政府可以说是整个

地方文化水平最高、接受新鲜事物和知识技能最快的，政府出面不仅会带动当地村民，还可以吸引外援。因此，经济欠发达地区农村要想将电商落地，发展得长远，当地政府必须发挥好带头、引导和扶持的功能。

二、新媒体对经济欠发达地区农村电商发展的影响

新媒体运营生态环境体系赋予农村电商新的能量，新媒体社交形态的日益流行也赋予农村电商新的生命。新媒体对农产品的上行成本和农民的网络社交心理正逐渐产生良好的影响，也给消费者群体带来全新的场景体验，能够激发经济欠发达地区农村的其他资源的潜力，促进当地以及周边农村的经济发展。

（一）减轻农产品上行成本压力

农产品上行正从单一的网络零售向网络零售和批发双向转变，从只注意线上销售转变为线上线下相融合的方式，农村电商模式也正逐渐走向社交化。"互联网＋"、新媒体运营的成熟将会大大改善经济欠发达地区农村信息渠道不畅通、物流建设不完善的局面，缓解只能当地或就近销售甚至出现滞销的窘境。通过发挥社交媒介自带的强大传播价值与力量，推动移动社交媒体的流量进农村，推动新商业力量与农村连接，高效对接农产品市场、对接大型电商企业，足不出户将农特产品卖出去，并卖出好价钱，全力推动农村产品上行，重构农产品的流通方式。

（二）改变农民网络社交心理

虽然当前互联网的发展日益迅猛，但经济欠发达地区农村的"熟人"社会属性导致常年生活在这些地区的大多数人的生活范围主要还是熟人社会，村民间大多比较熟络。新媒体对用户传播大量的良性信息，会让他们从自己身处的熟人社会开始人际分享，逐渐习惯通过网络开启新的社交方式，改变对网络社交的看法，以期实现对社交新媒体进行线上交易最大限度的信任。

（三）提高消费者消费能力

直播、短视频等新媒体运营形态能够提供碎片化的社交场景，有助于挖掘新的消费场景，提升消费体验和生活品质，形成新的消费热点。利用直播平台可以对现场现货的拍摄进行解说，可以随时随地展示，并实时与粉丝互动交流；或者将剪辑整合的短视频上传到微博或者其他短视频社交平台。这种通过线上社交化的形态展示经济欠发达地区农村当地的农特产品、乡土气息、人文习俗的方式具有足够的卖点能够在碎片化的场景中打动用户，并激发他们的消费需求，促进场景化消费。

（四）激发经济欠发达地区经济发展潜力

经济欠发达地区农村具有丰富的农副产品和独具特色的各类资源可供开发，借助

新媒体的宣传推广和线上营销可以激活经济发展潜力。当地农民可以借助社交新媒体形态的镜头，将原汁原味的自然风光、乡村特色等展示给广大网友，以期挖掘生态环境良好或者具有鲜明民族特色经济欠发达地区的旅游潜力。

三、经济欠发达地区农村电商发展建议

（一）夯实基础设施建设

好的政策离不开地方政府和群众的大力支持，为顺应社交电商发展新趋势，当地政府要提高其对农村社交电商的认识，树立大局意识，积极构建新媒体电商培训环境，营造"哪哪都是社交场、人人都是新农人"的良好氛围，并坚定不移地贯彻落实，努力推动农村社交电商发展，以期形成良好的社交电商创业氛围和发展热潮，惠泽一方。政府可定期开展电商相关课程，邀请关注农业农村领域的网络影响力红人、农村电商创业成功人士等为农民进行专题讲解，让他们对当下的新媒体运营技能、电商政策、新的电商营销技巧等有全新认识和深入理解，同时也让传统农民接触并了解电商的入门知识和基本的操作流程，从而刷新他们对电商的认知，激发他们参与电商创新创业和就业的兴趣和信心。

在对农民进行培训时，要了解农民的真实需求和实际掌握情况，适时融入实践活动，并及时调整教学方式和课程安排，提高新时代职业农民的孵化率和转化率。对有热切电商创业需求和高昂电商就业激情的青壮年农民、电商其他环节的从业人员，可在社交电商知识输送、新媒体技能提升、后续跟踪等方面全方位统筹规划，可进行一对一、面对面的专业培训，从而营造良好、舒适的新媒体电商培训环境。

（二）提高农民基本素质

与传统农业不同，借助社交电商创收致富的现代化农业对新媒体运营、互联网等信息技术有着较高的要求，尤其是需要储备专业的社交电商知识和新媒体运营技能。当地政府要联合新媒体社交平台组建一支有情怀、懂技术、有能力的"落地式"社交电商新型农民队伍。首先，加强针对式技能培训，以短视频拍摄和剪辑技能、内容创作解说、电商运营经验、物流仓储、线上线下营销等为主，培训形式要"因材施教"、培训内容要通俗易懂且实用。其次，布局人才链。短期内，新媒体社交平台要利用自己的优势积极邀请网络农业红人、农产品代理商、农村电商专家等人才加入，壮大与充实新型农民队伍的规模与实力。为了长远发展，要加强对懂农业、懂新媒体运营与社交电商技能的复合型人才的专业化、本土化培养，为农村社交电商做足人才储备。促进农村就业和本地创业相结合，提高经济欠发达地区农村发展社交电商的内生动力，保证社交电商生态圈人才的完整性、高效性，共同带动老乡增产增收。

（三）配套农村物流服务体系

物流效率的提升是农村电商得到快速高效发展的基本前提，而道路交通基础设施的不断完善是提升物流体系的基本硬性保障，当地政府要消除交通不便的痛点，进一步提升经济欠发达地区快递网点乡镇覆盖率，打通农村工业品下乡和农产品上行的双向流通渠道，着实解决农村"最后一公里"配送问题。其他地方政府可以借鉴陕西省武功县农村电商发展模式，构建集基本物流功能、信息查询、电商预览、数据分析等功能于一体的物流大数据平台，实现电商与物流的良好衔接，使得产业链逐渐完备升级。

（四）鼓励多方平台参与

在新媒体时代背景下，经济欠发达地区农村开展社交电商，社会力量的广泛参与至关重要，尤其需要新媒体社交平台的牵头。鼓励多方社交平台参与社交电商的各个环节，不仅要为新农人输送专业的新媒体运营和社交电商技术，而且要利用新媒体社交形态自带强大的媒介传播价值帮助农产品拓宽线上线下销售渠道和市场。

（五）加强农产品品牌化建设

产品品质与正规化是构建新品牌的基本要求。当前，"小、弱、散"是经济欠发达地区农村的农业生产活动的共性问题，很多优质的特色农产品处于三无状态——无标准、无品牌、无组织，经济欠发达地区政府要加强品牌化建设，积极推动建设县电商公共服务中心，并依托其打造电商公共服务品牌。提到品牌建设，就不得不提及产品包装，什么产品应该适用怎样的包装材料和包装设计都是有讲究的，只有精准的定位和恰到好处的包装，才能够锁定客户群体，才能让产品销售出去，才能够使产品升值。农产品只有有了自己品牌后，才能更好地适应市场竞争。

（六）加强资金扶持力度

没有资金的支持，基础设施的完善将会滞后，道路交通、仓储物流的建设也会耽搁，社交电商活动将难以进行。当地政府要抓住机遇，善于借助新媒体社交平台向就近责任企业、社会助农资源寻求多渠道的资金支撑和金融服务，牵头吸引各方社会资本参加，多元化投资主体、多样性投资模式，提供全方位、多渠道的服务体系，帮助缩短"新农人"资金在途时间，加大对在经济欠发达地区农村开展社交电商的"新农人"的资金扶持力度。根据社交电商的开展情况，后续政府还可以加大投资力度，发展餐饮、民宿、旅游等相关产业，拓宽农民致富增收渠道，壮大村级集体经济。

第五节　农村电商可持续发展

党的十九大报告中明确指出，农业、农村、农民问题是关系国计民生的根本性问题，并提出了以实施乡村振兴战略为目标的新历史时期解决"三农"问题的重要举措。在城乡关系发展演变的背景下，乡村振兴是未来发展的关键点。

2018 年，中共中央、国务院公布《关于实施乡村振兴战略的意见》，就农村电子商务发展作出相应指示，标志着中国农村一个崭新的发展阶段即将展开，为电子商务推动农村经济社快速发展、加快城乡融合发展和乡村振兴带来历史性机遇。

一、乡村振兴与农村电商发展的历史机遇

2018 年是十九大之后农村电商发展的关键一年，农村电商需在乡村振兴战略实施中寻找新的发展定位，明确今后的行动方向。

（一）乡村振兴战略机遇惠及新三板行业及企业

乡村振兴战略提出了城乡融合、一二三产业融合发展的指导思想，这里所涉及的"三产"融合实际是针对乡村振兴战略所提出为农村农业服务的，指的是第一产业的农业生产和第二产业的农业加工制造，以及第三产业的农产品市场服务业深度融合。现在，我国农村"三产融合"已取得了显著成效，出现了农村产业融合主体层出不穷、绿色生态农产品供给量大增、农村新产业新业态逐渐提档升级等现象，尤其以农超对接、农旅融合、农村电商为代表的新产业新业态发展势头如雨后春笋。这些都为新三板行业及企业即绿色农业、智慧农业、农村电商带来新的发展机遇，农机、农产品加工、农村电商等行业将深受其益。

（二）为农产品销售提供了便捷的通道

改革开放 40 多年来，中国经济发展取得了惊人成就，中国在世界上的经济地位的变化全球瞩目。但是随着经济的发展，我国也出现了一些经济发展负产物，如日益严重的环境污染，给人们的生命健康安全和食品安全敲响了警钟，重视生态、只有重视环保才能换来一个健康的未来和可持续发展的社会。未来，农村电商的担当不仅是出售农村自有的农产品，而是给城市居民提供绿色安全的生态农产品，为城市居民舌尖上的安全保驾护航。农村是城市居民农产品消费的大市场，又是给城市居民体验消费（农旅融合）的后花园。乡村振兴战略提出的城乡融合发展、一二三产业融合发展政策为农村电商的发展指明了方向。

（三）提高农村电商运营品质，催生农村电商新时代

新时期的农村电商发展应紧跟党中央的乡村振兴战略，紧抓历史机遇，审时度势，重新定位和规划乡村振兴背景下农村电商发展的思路和行动，充分发掘农村电商的潜力和优势，打造"城乡融合""一二三产业融合"发展的农村经济模式。

（四）农消衔接、体验营销、农旅融合等新模式成助推农村电商发展亮点

乡村振兴战略提出了城乡一体融合发展的具体内涵，生态宜居的农村将会是工作在城市人们的后花园，是人们休养生息、回归自然的心灵家园。仅仅通过线上销售农产品已经成为农村电商的过去，城市居民还会通过诸如观光、旅游、远足等方式身临农产品采摘基地进行体验消费，这些方式会带来生态旅游、品牌宣传等的集聚效应，也会更宽更广地拓展农村电商市场。

（五）乡村振兴背景下农村电商的改变

电子商务通过"城乡融合""一二三产业融合发展"，会极大激发农村地区的创业创新潜力，会进一步促进农业升级、农村进步、农民发展，给农村经济社会发展带来深远的影响。主要体现在以下几点。

1.改变农产品营销理念

农村电子商务引领农业生产从生产什么就卖什么的"产品导向"营销观念向市场需要什么就生产什么的"市场导向"营销理念转变。通过电子商务连接供求市场，实施以满足客户需求为终极目标的生产经营机制，有效提升农业发展的质量、水平和市场竞争能力。

2.促进农村电商质的转变

农村电商既在农业产业链中起着贯穿作用，又是农业大数据的重要来源。电商可以利用数据预测并调节生产、消费等运作环节，提升宏观决策和管理水平，突破地域和时间限制，延长农产品销售时间扩大销售途径，衔接农村生产与城市需求，从而加速农业朝着市场化、标准化、组织化、品牌化前进的步伐。

3.增强农村公共服务供给能力

2014年之后，多部委前后实施了电子商务进农村综合示范县的创建工作和信息进村入户工程，集中精力解决困扰农村电商发展中农产品上行和工业品下行的短板，即"最初一公里"与"最后一公里"问题。另外，一些主要互联网参与企业也争相角逐农村电商市场，利用市场的资本、资源、技术等助推农村公共服务水平和供给能力的提升。

二、乡村振兴战略背景下农村电商的挑战

2018年初，中央一号文件明确提出推进农村电商发展，农村电商也再次引来各方

电商企业的关注。随着城市电商的快速发展，其市场趋于饱和，阿里、京东等电商巨头也纷纷把目光转向农村。上到国家政策层面，下到市场环境，对农村电商都是极大的利好，农村电商迎来了重要的发展机遇期。然而，农村电商的发展仍然面临物流基础设施薄弱、物流配送网络不健全、农村电商人才缺乏、跨境电商无法实现等诸多阻碍，农村电商的发展仍然面临诸多难题。

（一）城乡融合发展尚未形成，农村物流网络分散，物流配送成本偏高

我国大多数城市尤其是大城市，由于经济、科技、交通等基础设施相对集中和完善，物流基础设施基本具备，物流配送系统相对发达，物流配送成本相对农村物流配送具有优势，在农产品的配送"最后一公里"环节，基本都能实现精准配送。而在我国广阔的农村，由于城乡融合发展的体系尚未形成，没有系统协调规划城市对接农村农产品的专用物流网络，农村物流节点偏少，物流配送网络不完善，尤其中西部地区在乡镇一级的物流配送点较少，物流配送成本较高，因此，这样大大提高了农产品的成本，缩减了农产品的利润，使农产品丧失了竞争力。

（二）农产品冷链仓储及冷链运输能力较弱，农产品的品质难以保证

由于农产品大多数是生鲜食品，其保质期有严格要求，从田间到餐桌要经过采摘、加工、包装、仓储、运输、配送等多个环节，在这一过程中如果哪一个环节耽搁或延误，都会导致农产品品质改变，损耗加大，进而会影响农民收益。当前对城乡接合物流仓储配送中心的建设还缺乏系统的规划。另外，农产品增值在于打破时间的限制，扩大销售半径。农产品的冷链技术能实现农产品从田间采摘后到消费者餐桌过程的全程温控管理，从而保证农产品的品质。目前，农产品全程冷链温控从技术上来说是可行的，但是投资巨大，我国电商巨头和专业化的生鲜配送企业目前大多采用了低温贮藏、气调保鲜、全程温控等冷链技术。由于设备的巨大投资和技术条件限制，很多农村电商还是采用较传统的方式在运营。

（三）农村电商缺乏产业链思想，基本没有形成电商产业链

随着乡村振兴战略的实施，国家已经明确了对农村电商发展的鼓励和支持，农村电商如雨后春笋般出现，在一些成功的农村电商队列中，他们大多创出了自己的发展模式，有好的农产品，还得有好的电商创新思路才能成功。在农村电商创业中失败企业的也有不少，究其原因，主要有以下几点。

1. 没有进行电商模式创新

有好的产品不一定卖得出去，有特色才能创新，有创新才有竞争力。不能看到别人卖红枣赚钱了，就一窝蜂去卖红枣，一定要挖掘本地特色产品，打造出有影响力的品牌，创新自己的电商模式。

2．只注重销售，不注重整体营销

好多农村电商认为只要开网店卖农产品就是农村电商。其实，网店销售只是贯穿"商流""物流""信息流""资金流"的一个整体活动中的一环。在电商业态上，也不只有开网店卖特产才是发展农村电商。一个成熟的电商平台，它的运营不仅包括自己的品牌，还包括农产品的生产、销售、加工、包装、配送、服务等满足顾客需求的产业链体系。

（四）农村电商未来的竞争将更加激烈，跨境电商有待发展

中国既是农产品的生产大国又是消费大国，在国际农产品贸易中一直占据着很大份额。加入 WTO 后，中国的农产品出口一直呈快速增长趋势。但中国农产品的贸易持续出现逆差，我国农产品市场面临着进口农产品的冲击。如何积极利用跨境电商模式带动我国的农产品出口增长，促进产业兴旺，使农民生活富裕也是乡村振兴战略的重要抓手之一。近几年，中国农产品跨境电商发展迅速，农产品跨境交易量增长势头迅猛。据统计，2015 年我国农产品跨境电商交易额超 200 亿元，虽然跨境交易额快速增长，但从规模上来看仍有巨大的发展空间。

（五）农村电商人才大量欠缺

国家先后发布的中央一号文件为加快农村电商发展指明了方向，农村电商迎来了发展的历史机遇，虽然有国家政策的利好，电商企业也纷纷布局，但农村电商人才的缺乏成为制约农村电商发展的一个重要瓶颈。据《县域电子商务人才研究微报告》资料显示，未来两年，县域网商对电商人才的需求量超过 200 万人，最缺运营推广、美工设计和数据分析三类人才，其他还包括客服、物流仓储等人才。

三、乡村振兴战略背景下农村电商可持续发展途径

从十九大报告提出的实施乡村振兴战略中可以看出，国家从战略层面对农村电商的重视是不言而喻的。众多电商企业如京东、阿里、苏宁、拼多多等纷纷驻足农村电商市场。农村电商迅猛增长，发展势头强劲。但在发展过程中，我们也应该看到如上所述的问题成为制约农村电商发展的瓶颈。农村电商的可持续发展应考虑以下几个方面的问题：

（一）发展"互联网＋农村电商"，充分利用大数据调节产供销平衡

在信息化的当今社会，农村电商要及时跟进时代步伐，充分利用互联网的优势，建立全程传递迅速、沟通便捷、信息透明的信息化电商服务体系，运用大数据调节农产品采购、生产、需求之间的差异。打破农产品的销售时间局限，扩大农产品的销售半径，丰富农产品的销售渠道。

（二）降低农产品的流通成本、提高综合竞争能力

近年来，虽然农村电商发展势头迅猛，但是农产品的流通成本过高已经成为影响我国农产品综合竞争力的主要原因之一。需要我们在以下几个方面下功夫。

（1）建立农村综合交通运输系统，完善农村配送服务体系。

（2）完善农村电商物流信息服务体系。

（3）强化农产品的国际物流体系。

（4）培育一批具有先进技术装备和较高管理能力的农产品第三方物流企业。

（三）加大对农村电商企业扶持和引导力度，促进一二三产业融合发展，推动农村电商转型升级

乡村振兴战略提出的一二三产业融合发展实质涵盖并融合了农产品的生产、加工、服务（销售）等方面。在政府层面，应紧密围绕融合发展理念做文章，加强农村电商的上下游供应链（产业链）建设，使农村一二三产业链融合发展，促进农村电商的可持续发展。农村电商要转变思路，农村电商的职能不是围绕"销售"来发展，而是围绕消费者的需求来拉动农村第三产业服务（农村电商）建设，带动农产品加工需求，由服务需求来安排农产品的种养殖（农业生产），从而促进农村一二三产业的良性发展，推动农村电商的转型升级。

（四）适应新时代电商特点，推出农村电商发展新模式

我国农村电商从初期发展至今，推出了多种发展模式。例如，浙江遂昌的"电商生态的重构＋农村电商的先锋"模式，浙江海宁的"电商倒推产业转型"模式等。农村电商发展如火如荼，农村的电商模式也随着时代的变化不断创新。乡村振兴战略为农村电商的发展指明了道路。农产品的销售不仅可以通过线上，也可以通过"农旅融合"的方式，让消费者来到田间地头通过亲子活动、现场采摘等活动与消费者来增进感情、体验乐趣，不断创新农村电商的模式，不仅可以起到增加农产品口碑、扩大消费的目的，还可以充分利用农产品资源，开发当地旅游资源，增加农产品的销售，并以此带动当地旅游消费，推动一二三产业融合发展，促进产业兴旺，推进乡村振兴。

（五）培养引领农村电商发展的人才

农村电商的发展，电商人才仍然是关键。中国的农村电商市场规模 2015 年为 3530 亿元，2016 年为 4823 亿元，2017 年超过 6000 亿元，据业内估计，未来五年中国农村电商年均复合增长率约为 38.87%，中国农村电商市场规模在 2020 年可以达到 16860 亿元。随着我国电商规模的壮大，对农村电商人才的缺口日益增大。除了基层的农村电商操作型人才和中层管理型人才缺乏，能够引领农村电商发展的规划型高层人才更是缺乏。在农村电商人才培养方面，建议从以下几个方面着手。

1. 努力打造一批年轻的农村电商创业队伍，使农村电商发展后继有人

充分发挥农村致富带头引领和示范作用，带动农村电商创业和农民就业，加大农村电商人才政策引导和扶持力度，加强对农民电商技能的培育，培育一批农村电商后备力量。

2. 多层次多渠道引进农村电商急需人才

对农村电商发展过程中急需的中层管理人才和高层规划人才，可根据农村一二三产业融合发展的实际需求，有针对性地引进有经验的技术人员、管理人员、企业家等人才，同时政府相关部门应能提供具有吸引力的农村电商人才政策。同时，政府可以通过采用和高校合作办学、订制培养的方法为农村培养急需的各类电商人才。除此之外，政府可以提供农村电商创业平台的形式，根据当地的产业链特色，采用电商创新创业孵化园或农村电商创业园等形式，引进外来电商人才。

3. 利用"传帮带"，培养本土化农村电商人才

利用当地农民职业培训、创新创业教育培训等资源，由政府牵头和出资，由当地的农村电商创业带头人现身说教，成立本地化电商培训机构为农民提供多种形式的培训，培养本土化电商人才。发挥"传帮带"的特色，带动电商产业链规模效应，实现村民共同富裕。

2017年、2018年的中央一号文件以及党的十九大所制定的乡村振兴战略都凸显了党和政府对"三农"高度重视，使得农村电商的发展迎来了历史性的发展机遇。农村电商应围绕党和政府提出的"城乡一体化""一二三产业融合发展""产业兴旺""生活富裕"等战略指导思想及时调整电商发展方向和行动步伐，迎接农村电商新时代发展机遇。另外，我们也应看到在农村电商发展过程中出现的新问题，如农村电商的基础服务体系不完善（互联网、综合交通运输系统、配送服务体系、电商物流信息服务体系等）、农村电商人才的匮乏等仍然是农村电商发展中的薄弱环节，农村跨境电商有待进一步开发、"城乡一体""一二三产业融合发展"体系尚未形成等。在农村电商发展过程中，应仔细研读农村电商发展政策文件，研判农村电商发展方向，紧抓历史发展机遇，同时，重视和解决农村电商在新时期发展的制约因素和薄弱环节，农村电商定会实现可持续发展，从而为实现乡村振兴谱写新篇章。

第三章 农村电商的优化对策

第一节 农村电商信息化

移动互联网的发展促进了农村电商的发展，随着城市网购需求的饱和，越来越多的电商企业将发展目标定位在农村市场。与城市相比，我国农村人口数量庞大，这为农村电商的发展提供了广阔的市场。"互联网＋"计划的提出及实施、国家相继出台的各种扶贫政策等，为农村电商信息化的发展奠定了基础。农村电商信息化人才的培养是促进农村电子商务可持续发展的重要保障，如何培养了解农业产业运营规律、农产品开发、线上线下营销、电子商务运营、电商公共服务建设、农产品物流及仓储配送等知识的复合型人才，是农村区域在促进农村电商信息化发展及人才培养过程中需要重点关注的问题。

一、农村电商信息化发展现状

（一）互联网发展促进了农村电商发展

近年来，农业与互联网深度融合是大势所趋，农业种植、农资领域、农产品运输与销售等相关环节逐步实现了定制化、精细化与智能化发展。在此背景下，传统的农业经销模式已经无法满足时代发展的需求。互联网技术与农业的结合，促使农村区域建设以网络技术为依托、以农产品为纽带的产供销、物流及资金的一体化生产模式。互联网促进了农村电商的发展，基于互联网技术的农业从业者应具备一定的农业、生产、市场、电商及信息等专业能力，能够借助互联网思维以市场化、开放化的心态发展农业，农村电商信息化将会在此背景下得到快速发展。

（二）农村电商信息化人才不足

虽然互联网技术的发展是大势所趋，但是我国农村经济发展相对滞后、农业经济发展不均衡问题较为突出。农村电商信息化发展对从业人员的素质及知识程度要求较高，其不仅要具备基础的信息技术，而且还要具备一定的经济学知识，还应掌握一定的市场开拓能力与客户沟通能力。当前，农村电商信息化发展面临着专业化人才不足的基本问题，多数农村有优质的产品及便利的交通条件，但是由于电商专业人才的匮乏，限制了农村电商信息化的发展。如何引进并培养电商信息化专业人才是当前各农村区域较为关注的问题之一。政府部门要引导企业及区域农民积极参与农村电商人才培训，打破农村电商信息化人才不足的局限。

（三）农民创业的积极性较高

互联网背景下，传统行业发展迎来新的契机，基层农民的创业热情高涨。农村电商人员借助现代网络平台及微信通信设备，寻找新的商机，为互联网时代"新农民"树立了典范。当前，国内从事农产品网点及微商的农民数量较多，多数农民借助电商平台，实现了致富目标。随着农村电商队伍数量的发展壮大，越来越多的农民加入电商，走上了创业、创新的道路。

二、加强农村电商信息化及人才培养的对策

（一）完善农村电子商务信息系统

第一，根据农村地区居民的消费水平，制定符合农民消费能力的宽带网络费用标准，逐步降低上网资费、安装费用、后续费用等。同时，优先为推行农村电商的农村居民安装宽带，地方政府或相关部门可以给予 500~1000 元 / 年的补贴，进一步降低农村居民的上网成本。例如，中国电信新疆分公司对涉及农村电商发展的电商创业园、乡镇电商服务站点等的宽带接入费在标准资费基础上给予直降 50% 的优惠价格。

第二，根据农村地区的实际情况，有效规划建设农村网络基础设施，增加入网接口数量，提升当地网速和上网率，以及数字电视、固定电话等信息设施的覆盖率，利用移动通信、互联网等通信手段建立覆盖农村地区的信息网络，提高宽带的服务水平，确保农村宽带网络实现户户通。

第三，打包宽带上网、调制解调器上网和无线上网等服务，集成多种上网服务促使农民获得合理的价格、选择合适的网购方式，创造开展农村电商业务的有利条件。

第四，借助"宽带中国"战略缩小城乡数字鸿沟，提升农村的宽带水平、网络普及率，奠定农村电子商务发展的基础。

（二）强化农村电子商务人才培养

1.完善农村电商人才培训体系

（1）加强农村电商人才的服务支撑。首先，地方政府可以借助良好的社会效应鼓励地方企业探索农村电商的新模式，动员企业、社会组织等为本地区农村电商发展培养、输送电商人才，并为农村电商人才提供较好的收入待遇和较大的升职空间，通过定期奖励等方式激发电商企业员工的积极性，从而推动当地农村电子商务的快速发展。

其次，各级政府近几年推出了相关政策对农村电子商务发展进行指导。例如，农业部和商务部实施的"信息进村入户工程"和"电商进农村计划"，以及国务院提出的"百万英才计划"等，不断聚焦农村电商的人才培养。因此，各级政府需继续出台农村电商的相关扶持政策，加强对农村电商知识的培训和引导工作，吸引更多具有电商从业经验的本地年轻人、电商专业大学生投身农村电商发展，改善农村电商的发展环境。例如，政府可以采用改善工作条件和生活环境、改革薪资分配制等方式吸引优秀电商人才加入农村电商建设中，通过提供就业与创业的优惠政策培养电商职业经理人。同时，搭建农村电商平台，开展当地农村电商的创新创业大赛，为引进专业化农村电商人才创造基本条件。另外，地方政府可以投入资金在农村地区建立相应的电商人才培训点，开展电子商务的专业化培训，并依托当地电商的师资力量，以农村电子商务发展为主题开展电商操作运营培训，促使农民学会电商、参与电商，逐渐营造出浓厚的农村电子商务学习氛围。

（2）构建农村电商人才培养的咨询服务体系。首先，依托当地现有的空置厂房、产业园区等资源，建设县级电子商务综合运营中心，运营中心采用企业运营、政府监管的模式服务农村电商的专业人员，承担区域内农村电商创业或就业人员的电商业务咨询和职业技能培训等工作，鼓励当地电商培训机构、电商企业及行业协会等对农民开展专业化培训。其次，整合当地现有的供销合作社基层网点和农村邮政网点，通过电商服务职能实现农村电商"乡站、村点"的服务全覆盖，为农民提供农村电商创业或就业的咨询服务，以及代办网络购物、代办网络售货、代收快递包裹、代办转账汇款等服务，培养兼具电商理论知识和实际操作能力的农村电商复合型人才。

（3）建立规范化的本地电商人才体系。首先，打造本地的农村电商产业园，聘请当地专业的电商人才培训机构对农村供销合作社人员、农业种养大户和农业企业负责人等进行电商业务培训，逐步健全包含高端人才回流机制、城乡人才流动机制等农村电商基层人才培养体系。其次，"吸引人才""创造需求"是农村电商人才机制的"双驱动力"，设计并应用电商发展的"双驱动力"模型。农村电商的"双驱动力"模型以"吸引人才"为起点，在农村引进劳动力安置，同时农村电商的持续发展离不开网销业务，农村网销的发展拉动了农村经济的持续提升，进而提高了消费需求，而消费需求的提高将带动农村地区网络购物规模及当地经济水平的进一步提升，从而吸引并留住更多的电商人才。

（4）打造农村电商教育孵化体系。构建可持续发展的农村电子商务人才培养生态圈和多元化的全产业链农村电商教育孵化体系，将各类企业电商专家、涉农专家、数据分析学者等聚集在同一平台，对农村地区从业人员进行全方位培训，并整合社会资源补充电商培训力量，发挥平台企业对农村电商人才培养的积极作用。同时，地方政府可以联合大型优势平台企业对各类培训机构进行授权认证和复核，通过审核各类培训机构的教育培训资质来提升其办学质量。

2. 立足农村地区实施有针对性的人才培养策略

（1）选择培养对象。首先，相关调查结果显示，农村电商的主力消费者的平均年龄为18~35岁，可见农村电商消费者偏年轻化。因此，政府可以选择农村市场经济中的青年作为农村电商人才的主要培养对象，建立农村信息服务体系和分级信息咨询站，培训年轻农民使用各类电商信息设施，掌握农村电商的基本从业技能，通过多层次信息培训提高主要培养对象的电商从业能力，提升其接收和利用信息的技能，从而对周边其他年龄人群产生影响，推进农村电商人才整体培养水平的进一步提升。其次，筛选出农民群体中具备学习基础和专业能力的人员作为主要的农村电商培养对象，以保证农村电商人才的培养质量和培养效果。

（2）确定培养内容。第一，农村电商从业者需具备的核心能力分别为电商运营能力、农业生产能力、市场营销能力以及物流配送能力等，因此，农村电商人才的培养应围绕四大主要能力开展。同时，农村地区可以依据当地农村电商发展的现实情况添加、调整电商人才的培训内容，提升电商人才培养的契合度，以确保电商技能培训可以匹配农业生产和电商运营。第二，对电商企业职员进行适时的技能培训。随着农村电商模式的不断创新，农村电商所需人才也随之发生着变化。因此，电商企业可以定期组织农村电商技能挑战赛，采用集中式、远程式等形式为农民提供农村电子商务的技能培训，以培养出更多适应农村电商业务的电商人才。第三，做好农村电子商务的专题培训。组织乡镇电子商务的分管领导、联络员等围绕电商实际操作、网络营销、物流配送等内容开展农村电商的主题培训，将网店申请、在线沟通、发布产品、处理订单、销售技巧、在线支付等实用技能作为农村电商的主要培训内容，提高电商从业人员参与农村电商业务的能力。

（3）选用培养方法。第一，差异化培训法。网商在不同阶段会遇到不同问题，所以，可以依据网店的不同等级在原培训内容的基础上实施差异化培训，并定期聘请专业化的电商培训讲师进行不同层面和不同侧重面的培训，培养既具有电商理论基础，又具备实际操作能力的农村电商人才，进而为农村电商发展提供人才支撑。同时，可以对计划涉足农村电商业务的农民采取有针对性的免费培训，促使其成为优秀的农村电商从业人员。第二，非正式交流法。首先，运用多种形式促进农村地区的成功网商与创业个人之间的交流，以成功网商的实践经历向农村电商创业者传授实操技巧。其次，农村电商从业人员应积极参加地方政府、电商行业协会、电商企业等组织的线上及线下的经验交流会，及时了解相关电商政策以及店铺营运等问题。最后，地方政府、行业协会、电商企业应提供交流平台，加强中青两代农村电商从业者交流，融合实体经济与电商等方面的专业技能，鼓励农村电商从业者互相扶持，进一步促进农村电商企业之间的互动交流。第三，多样化培训法。首先，以美工设计、运营推广、数据分析等方面的电商知识技能为培训重点，通过多样化的培训方法，加强农村电子商务专业技术人才与电商管理人才的培训，培养电商高管、专业骨干、操作人员等各层次人才，推动农村电子商务的快速发展。其次，充分发挥农村电商人才机制"双驱动力"模型中农村劳动力的价值。乡村专业人才作为产业带头人发挥示范作用。农村电商的发展吸引了相当一部分高层次专业化人才，例如，部分"淘宝村"的龙头企业一般会聘用大量大中专毕业生就职于售后、客服等岗位，而高薪聘用既懂技术又有经验的专业人才担任经理。鼓励进城务工人员回乡创业或就业。企业和政府可以积极争取具备电商知识的人才返乡就业或创业。例如，顺丰鼓励企业员工以加盟形式回乡开设网点，提供资金补贴完成顺丰向更细的区域渗透的物流网络布局。支持高校毕业生作为技术人员参与农村电商建设。地方政府出台优惠政策，搭建电商平台吸引高校毕业生担任村干部，并让其成为地方企业的储备人才参与农村电子商务建设。盘活农村地区留守人员作为简单劳动力。农村电商可以为农村留守人员提供大量诸如农产品包装、地面推广等农村电商环节中简单劳动岗位的就业机会。

第二节　农村电商向跨境电商转型

由于网络信息技术及物流行业的迅速发展，许多传统产业模式也随之发生变化。对于农村电商企业来说，只有紧跟电子商务时代潮流，才能更好地开展对外贸易，拓展自身经营范围，实现企业规模的扩大。同时，通过向跨境电商转型，农村电商企业也能在经济全球化趋势下获得更多的经济效益。因此，农村电商企业应了解向跨境电商转型的路径。

一、农村电商向跨境电商转型的原因

目前，电子商务的不断发展与经济全球化不断推进，对我国农村电商行业而言，既是机遇也是挑战。首先，对于农村电商企业，由于当地大多不具备完善的物流体系，难以实现大宗商品交易，甚至难以实现小商品跨国交易。虽然电商行业的发展促使外贸订单逐渐向碎片化方向发展，但国外消费者在关注产品质量的同时，更注重产品附加值，导致农村电商难以在国际竞争中获得有利地位。另外，跨境电商行业在全球物流及互联网更加便利快捷发展的基础上也得到了迅速发展，为全球消费者提供了更便利的消费方式。因此，农村电商行业应具备新思路，继续利用自身行业优势，通过企业转型在国际市场中获得发展。

二、农村电商在向跨境电商转型过程中存在的问题

（一）缺乏前期调研工作，过度追求转型速度

新时期以来，我国的经济、科技等方面得到了发展，迅速加入经济全球化热潮。在此背景下，国内市场已经不能满足农村电商的发展需求，农村电商向跨界电商转型迫在眉睫。但由于在转型过程中过度追求速度，导致农村电商对经营流程、市场状况、竞争对手等基本情况都不了解，难以适应跨境电商市场，给其转型带来很大风险。同时，部分农村电商人员认为只要进行转型就能够规避农村电商行业国际化带来的风险，而不注重转型目标的制定，导致农村电商不能成功转型，甚至使企业同时失去国内和国外市场，甚至出现生存危机。

（二）跨境电商人才缺失，转型过程缺乏指导

企业发展需要人才支持，在农村电商行业向跨境电商转型过程中也需要专业人才指导。目前，跨境电商发展具有快速性与突然性，导致我国跨境电商人才供应不足，相关人才成本较高。同时，许多农村电商企业不具备充足资金去聘请高层次人才，不能在转型过程中获得及时有效指导，导致农村电商企业管理者对跨境电商行业了解不深，对跨境电商经营方式及运行规律缺乏全面认识。除管理层面外，企业转型也需要基层员工的努力，合格的跨境电商企业员工应具备与电商平台进行合作谈判、为国外顾客提供客服服务、对外宣传企业产品等能力。但目前许多农村电商行业的员工不具备以上技能，这也导致农村电商向跨境电商转型困难。

（三）企业缺少优势产品，无法真正打开市场

我国农村电商行业难以向跨境电商转型的一个主要原因是缺乏优势产品，在国际市场上缺乏竞争力，难以在跨境电商市场中占有一席之地。虽然我国制造业十分发达，基本上能够满足国内消费者对一般商品的生产需求与使用需求，但在产品质量、品牌、服务等方面难以在国际上被消费者认可，国外消费者满意度低。目前，在国际市场上，中国外贸产品主要是以低廉的价格占据市场，企业通常将发展重点放在成本、品质，而非品牌上，导致中国优质产品既难获得品牌效应，也难以在转型过程中迅速地打开市场，从而缺乏产品竞争优势。

三、农村电商向跨境电商转型的途径

（一）认真开展前期调研，全面认识跨境电商

农村电商企业向跨境电商转型时，首先需要做好前期调研工作，以了解跨境电商整体情况，及时地掌握市场环境信息，分析跨境电商与农村电商行业经营流程的不同

之处，制定好企业转型目标，保证企业能够在转型后仍然流畅运营，从而实现企业成功转型。在对跨境电商进行调查时，可以对国内几大著名跨境电商平台进行考察，如天猫国际、京东、考拉海淘等。通过充分调研学习，了解跨境电商运营模式，从而针对性地开展转型工作。

为进一步开展前期调研，农村电商行业可以从第三方平台入手，借用第三方跨境电商资源了解目前市场状况。例如，农村电商企业可以与天猫国际进行沟通，借用其平台将产品进行销售。同时，农村电商企业也能够利用平台已经具备的海外市场，对本企业进行宣传。目前，天猫国际作为国内比较成熟的跨境电商平台，虽然面对国内消费者而言主要以进口产品为主，但农村电商企业可以在平台中了解企业产品在国际上销售状况，同时，利用平台进一步了解目前跨境电商运营模式，并将其应用到自身企业转型中。通过进行市场调研与市场导入，逐步地由农村电商向跨境电商转移，尽量规避转型风险。

（二）培养跨境电商人才，建立良好的人才机制

人才是发展的根本，农村电商企业应该认识到在转型过程中跨境电商人才的重要作用，通过吸收或培养专业跨境电商人才，推动企业内部转型，适应国外消费者的服务需要。农村电商企业在进行人才培养时，可以聘请跨境电商有关专家或者在成熟跨境电商企业中具备经验且具备相关能力的人才在企业中开展基层培训，使不同分工的员工能够具备相关能力。另外，农村电商企业对于人才应给予合理的物质补贴，真正做到留住人才，注重人才培养与保留机制的建立，为企业转型提供人才基础。

为建立起人才培养机制，企业应注重人才的专业化。例如，对管理层，企业可以聘请高校中对跨境电商行业有一定了解，以及具备农村电商行业转型指导经验的专家，为管理者提供跨境电商相关经验以及转型策略参考。而对基层员工而言，需要的是对实际技能的掌握。因此，企业可以聘请其他电商企业中具备跨境电商服务能力的销售人员、客服人员、生产人员，在企业中采用培训大会的形式，对企业内不同分工的员工进行培训，以保证其具备跨境电商企业员工基本技能。另外，在建立人才保留机制时，企业可以采取表彰会、工作总结、工作建议等方式，对员工能力进行考查，能力出众的员工可以得到相应奖励，以此激发员工学习的积极性，同时也为农村电商向跨境电商转型提供人才保证。

（三）钻研独特优势产品，提高产品的竞争能力

农村电商企业在向跨境电商转型过程中，产品的竞争力对转型过程有着决定性的影响作用。独特的产品优势有利于企业迅速打开跨境电商市场，为企业成功转型提供保障。企业在进行优势产品打造时，可以从产品质量、服务水平以及品牌打造等方面入手。首先，优势产品需要保证产品本身质量，只有能够满足消费者使用需求才能在

国际市场获得市场。其次，跨境电商与农村电商相比，其订单呈现出碎片化特征。消费者在注意产品本身质量的同时，更加注重其品牌附加价值，因此，农村电商企业需注重产品质量与品牌效应，打造具备独特优势的产品。

以一家农村果汁企业为例，该企业可以首先找到目前国际市场上其他果汁饮品存在的不足，如糖分过多、口感黏腻等，从以上不足出发，反思自身产品，采取技术性手段解决以上问题，提高产品品质。同时，该企业可以通过利用国外媒体如 ins、twitter 等，找到产品独特的使用场景，如在与朋友聚会、野餐时，可以选择健康果汁饮品，而非酒精类饮品，为该饮品塑造出温馨、活跃的品牌形象。另外，可以在社交媒体上通过广告、软文、场景打造等方式，确定好产品定位，从而提升产品附加值。最终使国外消费者更加了解这个产品，同时，利用产品定位产生的品牌效应吸引国外消费者，做到由农村电商向跨境电商的成功转型。

目前，我国经济飞速发展，出口商品数量也不断增多，对我国农村电商行业而言，无疑是重要发展机会，同时也是巨大挑战。农村电商企业的转型不仅是时代的要求，也是自身发展所需，农村电商企业应在挑战中积极地发现自身在转型过程中存在的不足，同时把握全球市场需求，使产品能够适应国外消费者的需要，最终实现向跨境电商的成功转型。

第三节 农村电商行业的财务可持续

近年来，电商成为推动"互联网+"发展的重要力量，是中国新经济的重要组成部分。层出不穷的各种电子商务平台为支持农村发展、实现农业现代化、帮助农民致富提供了许多有效解决办法。随着农村电子商务的发展，越来越多的农户借助电商平台脱贫致富，农村市场逐渐呈现出生机勃勃的景象。据数据显示，2018 年，全国农村网络的零售额达到 1.37 亿元，同比增加 30.4%，全国农产品的网络零售额达到 2305 亿元，同比增加 33.8%，农村电商行业的迅速发展开辟了农产品上行的新道路。随着国家相关政策的不断出台，助推阿里巴巴、云集、京东等电商平台与农村的互动呈现良性化趋势，国家层面对农村电商行业的发展给予了众多的高度重视和扶持政策，这也说明了农村电商行业财务可持续的必要性。另外，我们也应该看到农村电商行业企业发展的局限性，完全依靠国家扶持是不能够长久持续的，只有实现自身的财务可持续才能有更好的发展。

一、农村电商行业可持续发展所具有的优势

（一）吸引农村人才

农民可以通过网络和电商来提高其科学技术水平。这样一来，农村电子商务产业可以将优秀的人才留在农村，以农业为中心开展独立的创新创业。同时，国家政策还将针对积极参加农村电商行业的大学毕业生和农村年轻人给予一定的政策支援和资金支持。

（二）拓宽农产品的销售渠道

传统的销售始终局限在一个区域或者是需要经过中间商渠道，而现在的互联网时代拉近了"农村"与"城市"距离，农产品的供需在网上随处可见，供需的直通可以达到双方互利互惠的目的。在农业领域，农产品的后期销售问题一直是农民的一块心病，关于丰收后卖不出去蔬菜和水果的报道早已屡见不鲜，农村电子商务平台为农民的农产品提供了农产品销路，农民通过网络可以轻松地向全国各地的消费者出售农产品，从而提高自己的收入，为农村电商财务的可持续发展提供了基础条件。

（三）精准扶贫

农村电商行业真正实现了精准扶贫，大大响应了国家的脱贫号召，近几年来，农村电商的快速发展在脱贫攻坚中发挥了重大作用。电商扶贫给精准扶贫提供了新的方法，如农户可以通过互联网了解用户对农产品的需求来宣传自家产品，通过网络平台销售产品增加自身收入。

我国大部分农村仍然处于一个非常封闭的环境中，农民的受教育水平普遍偏低，对新事物的接受能力较低造成其对互联网的认识不够。一些封闭的农村中，许多农民依旧对电商的运营模式难以理解且存在质疑，认为网上交易带来的风险和损失较大，同时也对各种资金存放平台心存疑虑。如果没有一定量农产品的电商的交易，就没办法推动农村电商行业的发展和财务可持续的实现。

农村远离城市，很多农村依然是物流的盲区。我国农村地区分布广，并且大多数都处于偏远地区，物流成本高，普通快递难以实现"进村到户"，因此，交通条件的不足和基础设施落后直接导致了物流体系的不完善，这也是农村电商行业财务可持续发展的重要障碍之一。

二、农村电商行业财务可持续的发展策略

企业的可持续增长是企业战略管理的重要目标，农村电商目前虽然享受着国家各种优惠政策，但是自身仍然有物流成本高、农民认知少和服务不到位等问题，根据农

村电商行业所处阶段和现状，我们建议农村电商行业可以采用以下策略来保障财务可持续性的增长。

（一）加大教育培训力度，大力培养电商人才

通过定期开展电商知识培训，提高农民对电商的认识、专业能力和提高文化素养，为电商行业发展创造出好的舆论环境。同时，各级政府也需要充分发挥自身的职能作用，通过一定政策优惠来吸引人才，以政策机制来促进农村电商行业的健康发展。

（二）用财务可持续增长模型进行辅助

通过构建希金斯、范霍恩等财务可持续发展模型、了解影响农村电商行业的关键因素来对症下药，对各大电商企业潜在的风险进行控制，同时也要利用农村丰富的农业资源和优势，进一步增加农村电商行业的经营项目并且加大服务范围，这样一来，可以为行业创造新的利润增长点。

（三）完善农村物流体系

要致富先修路，只有交通环境好起来，物流质量才能得到提升，鼓励农村电商企业和物流公司达成采购和物流合作。设立农村服务网点，农户可以通过服务网点来使用互联网平台，实现网上推广、销售，从而推动农村电商的可持续发展。

（四）强化供应链，积极创新

农村电商应该积极完善和强化供应链，提高农产品的质量，针对农村物流运输成本高的问题，通过强化成本控制来促进盈利能力的持续提升。另外，政府也要提倡农村电商积极创新，创新不仅是产品上的，而且是服务上的，只有这样才能够找到新的利润增长点，充分挖掘农村电商行业创造价值的潜力，推动农村电商行业的可持续发展。

第四节　农村电商物流服务质量评价

电子商务虽然在我国兴起的时间相对较晚，但是每年的交易额非常大，仅从2017—2018年度的数据来看，中国电商的交易总额度就已经提升到了6360.87亿美元，网购总额位居世界第一，占全国零售总额的15%。种种迹象表明，电商在零售方面已经普及化，并且影响着人们的日常生活。

一、电子商务与物流的关系

随着科技的发展、互联网技术的进步，在当前社会，人们只需要用电脑挑选好自

己喜欢的物品,不久后便会有快递员将货物送上门来,很多人喜欢上了这种足不出户的购物方式。另外,电商平台上拥有来自全国各地的商户,人们想要的绝大多数商品在这一平台上都可以找到,让客户有了更多的选择空间,对客户来说吸引力是非常大的。电商的成功运营离不开与之匹配的物流体系,在电商成立之初,很多人对电商并不看好,一方面是人们当时更愿意相信只有面对面交易才能放心,另一方面就是在网上买了东西之后,物流送达时间也让人担心。很多电商企业本身就是厂家在经营,只要在能保证销售数量的前提下就不会亏损,因为节约了运送、经销商、实体店铺的租赁费等成本,所以网购的性价比较高,自然会吸引很多顾客。

如今国内物流行业在飞速发展,形成了人们耳熟能详的各个物流公司名称,这和其自身的努力是分不开的。其实电子商务与物流是相辅相成的,在电商出现之前,我国虽然有物流公司,但似乎总处在一种较为被动的状态,人们对物流没有太多了解,所以这也是人们不看好电商的原因。但事实证明,电商在飞速发展的同时也带动了物流行业的进步,从 2010—2017 年,全国社会物流总额从 125.4 万亿元攀升至 252.8 万亿元,实现 10.53% 的年均复合增长率,社会物流需求总体上呈增长态势,这组数据就是得益于电商模式的出现以及电商的发展。

二、农村电商物流的发展

相比全国城镇的物流发展,农村的电商物流起步不但晚,而且发展比较缓慢,与城市相比差距较大,造成这样的原因是多种多样的。农村网络普及程度较低,很多农村甚至连基站都没有,在这种情况下,首先,是农村没有能够接触电商的土壤,尤其是电商发展的时间是在 2002—2004 年这段时间,农村当时负责家庭采购的人,由于受教育程度以及生活方式的差异,他们很难对新鲜的事物产生兴趣,同时也缺乏对电商的信任。其次,是农村的基础设施较差,很多农村甚至路都是原始的土路,这就让物流的运送难度加大,直接导致很多电商在销售页面上会标注物流不会到达那些地方。最后,是一旦网购的东西出现问题,需要进行退换的时候,城市地区的退换速度相对来说比较快,但是农村地区物流业不发达,这就让退换效率极为低下,从而影响网购的口碑,导致人们对网购失去兴趣。由于农村地区的物流发展速度缓慢,这就导致当地很多物流行业收入偏低,物流公司并因此放弃了对农村地区的开发。另外,物流行业需要一定数量的快递员,由于农村的年轻人大多在外地务工或者求学,导致物流行业人员的缺乏,物流业在农村地区难以得到发展。

随着时代的发展,现在农村的物流虽然存在问题,但是相比以前来说情况要改善不少。首先,智能手机的普及使上网实现了全民化,在这种背景下,农民逐渐对网购产生兴趣,同时由于现在农村家庭的购物主力是 80 后和 90 后,他们的受教育程度相对较高,对新鲜事物有较强的接受能力,这就让电商在农村有了一定的发展空间。其次,国家对农村的开发,出于推进城市化进程的需要,很多农村不仅道路,其他的基础设施也得到了进一步完善。同时,物流业的发展以及网购的流行,让物流行业人员的收入也逐渐提高,在这种情况下,原先进城的务工人员逐渐会转变其观念,从外出务工转变为回乡寻求工作,一方面人员储备了物流的扩充,另一方面也增加了当地的购买力,因此会形成一种良性循环。最后,关于电商的价格问题,很多农村经济基础较差,在网购时候自然会对价格相对便宜的产品更加中意,电商不但在这方面完全满足了人们的需要,而且价格低廉的消费品能够促进当地居民生活水平的提高。

三、农村电商物流质量评价

农村电商的物流质量评价一般需要从以下几个方面进行评价,且对电商的所有流程环节都会有所涉及。

(一)服务可靠性

1.订单处理的准确率

电商环节当中,首先是对订单的处理,城市和农村的处理方式虽然没有太大区别,但是由于城市与农村对电商的认识不同,这就会导致在订单发送过程中,会出现种种问题,所以就需要商家对订单进行确认,一旦订单的准确率出现问题,对于电商的评价自然就会出现下滑,从而影响整体服务质量。

2.货物的完好率

货物的完好与否在交易的开始客户是无法进行观察的,这也是为什么人们一开始对电商不信任的原因,但是随着评价体系的出现,这种情况在一定程度上得到了抑制,但并没有完全杜绝。一旦出现货物不完好现象,对整个服务流程来说,打击无疑是巨大的,不仅会让客户的满意度下降,人们对电商行业而且会失去信任,久而久之,还会影响电商企业的市场占有率。

3.货物的准确率

由于电商与实体的销售形式存在一定的差异,在商品的选择上,缺乏直观的、面对面的交流,导致物品在交易的过程中可能会存在一定程度的偏差,甚至有的商家会存在欺诈行为,就会让一些不法商家钻空子。

(二)服务的响应性

1.订单响应时间

由于网购是在网上进行购买,所以在发出订单之后,需要一定的时间进行反应,这个时间的长短直接关系到客户的购买体验。在订单处理的过程中,会让购买者产生一定的焦躁感,所以处理订单的速度是服务中非常重要的一个环节,甚至在一些电铺中，反应速度快也是一个店铺的加分项。

2.收货时间

收货时间是基于物流行业的速度以及以往的运输时间计算得出的，在运输的过程中如果耽误一定时间，尤其是如果到了预定的时间，货物没有按时送到，就会让客户产生一种焦虑感。电子商务作为销售行业，信誉是行业生存的基石，所以一旦信誉出现危机，对电商来说就是致命一击。如果说电子商务是服务业与零售业的结合，那么物流行业就是完完全全的服务行业了，物流主要就是负责对货物的运输以及保存。现在国内对物流公司的选择中，"顺丰"的口碑比较好，其主要就在于有速度优势，所以作为物流业，速度是非常重要的。还有就是准时，很多收货时间都是经过计算的，甚至一部分物流公司在此基础上会多留出一定的时间，防止出现特殊情况而耽误配送时间，所以物流的准时与否在一定程度上影响着客户的体验度。

3.退货响应时间

在网购过程中，如果出现失误，或者货物不满意的情况，退货就是其中一个解决方案。而对农村地区的退货来说，和城市相比，农村网购起步较晚，很多农村老人操作不熟练，甚至有很大一部分农村老人连智能手机的操作都不太熟悉，这就让其在选择甚至购买上往往会出现一定的失误，但是由于农村老人都比较节约，一旦退货过程较为烦琐，他们就会产生不耐烦情绪，从而会严重影响其网购体验。

4.爆仓期延迟时间

很多电商平台在特定的时间都会做一些活动，尤其是以"淘宝网"等为代表的平台，如每年的 11 月 11 日进行的"双十一"降价活动，这一天平台上绝大多数的物品都会进行一定的降价，同时，全国各地的用户也会在这一天进行大量购买，导致在此后的几天之内物流出现严重滞后现象，物流行业的压力不断增大，很多商家在这时会对物流的延迟做出一定解释，但是其具体送达时间往往较为模糊，如果客户等待的时间长，就会产生负面情绪。

（三）服务经济性

1.物流价格

在物流业刚出现的时候，由于当时货物的运输数量较少，所以物流会受到成本限制，导致了物流的价格较为高昂。如今的物流行业成本整体虽然比较低，但是个体物流的价格却并没有下降多少，很多商家用"包邮"来进行大肆宣传，就体现出了邮费对客户来说是一个较高的花费了。

2.退换货成本

退换货成本直观的体现便是商家的经济损失，除此之外，用户也在一定程度上受到损失。农村不比城市，很多农村地区居民在网购的是生活必需品，一旦出现了问题进行退换，就会耽误很长时间，在这段时间之内他们是没有生活必需品作为补充的。比如一个农户需要网购一定数量的种子，如果这些种子出现了问题，需要进行退换，在一定程度上会耽误播种时间，从而对其生活造成一定的影响。

（四）服务便利性

1. 配送方式便利

现如今的配送方式往往是通过小型机动车辆，或者是机动三轮车等方式，但是在山区一些的村子中，这样的配送方式就显得有些困难。尤其是农村的有些山路较为崎岖，往往需要人力进行配送，一方面时间成本较高，另一方面则是人工的成本过高。如何实现农村配送方式的便利性，是一个值得思考的问题。

2. 收货方式便利

农村和城市不相同，在城市中，客户收货的时候只需要等在家中，就会有派送人员进行上门派送。但是在农村地区，最为明显的一个劣势就是在货物进行派送的过程中，快递人员没有办法对住户的家庭地址进行准确定位，甚至有的家庭连具体的门牌号都没有，就算是有，本地人也不会去记忆，这就导致了送货极为困难。

3. 退换货服务便利

现在的电子商务交易的退换货需要客户自付费用，这样一方面对农民的经济造成了压力，另一方面很多农村居民年龄较大，在返回过程中很容易出现一些错误，导致退换货效率一直不高。退换货出现问题，甚至是没有邮寄回商家手中的情况也是会发生的。在这样的失误当中，所有的损失并不能只靠商家来承担，但是商家在撇清关系之后，农村客户又会不依不饶，最终导致"扯皮"现象的出现，导致农村客户与商家之间互不信任。

（五）服务的信息性

1. 信息准确

信息是电子商务交易中最为重要的部分，准确的信息可以让客户对商品有一个全面的认识，能够避免出现失误。完善的客户信息能够让物流在更短的时间内对客户及其家庭地址进行定位，并快速地进行配送，从而提高了配送的效率。同样，配送信息的准确能够让客户在退换货的操作变得更加容易，从而减轻双方的负担，增加商户与客户之间的信任感。

2. 信息及时充足

现在的物流在信息的更新上做得很到位，物流每到一个地方之后，就会在客户的界面中对自己购买的商品进行定位，这样客户就能够对自己买的物品的物流信息有更多了解，对物流信息的实时反馈最大的好处就是让客户心中安定，不会出现因为自己购买的物品杳无音信而陷入焦虑，服务行业就是要体贴细致，只有做到了体贴，才能让客户产生信任感。

3. 误差信息反馈

误差信息在配送过程中时有发生，但是很多物流公司以及个人为了避免追责，会对其中的情况进行隐瞒，这样做的直接后果就是电商企业与客户之间由于信息不完善，产生一定的误会。从双方的角度上看谁都没有错，但是物品确实出现了问题，这个时候双方就都会认为这是对方的过错，很多商家与客户之间因此结怨，导致了双方之间产生矛盾。

四、如何提高农村的电商物流服务质量

电商和物流是两方面的事情，如果其中任何一个环节出现问题，那么评价体系就会出现误差。

（一）电商方面

电商是电子商务的出发点，如果这方面出现问题，就会严重影响整个网购环节的质量，所以在电商方面需要做出一定的改进。

1. 提高自身服务的可靠性

由于是在网络上进行交流，电商和客户之间往往会呈现出客户询问、电商进行回答的情景，在这个过程中，电商人员需要提高对自身的道德要求，要对自身的产品进行一个细致且全面的了解，客户能够主动和电商进行交流，就是对电商在信息中流露出的商品感兴趣，在与客户进行交流的过程中，电商不需要夸张表述，只用就事论事，这样就能够为电商树立一个良好的印象。

农村的一些老人在购买物品的过程中，会时常对商品的情况进行发问，甚至有的问题与商品无关，这个时候电商一定要注意自己的态度，只有这样才能给对方留下一个好的印象。同时，电商要对自己的产品进行严格的质量把控，不能让产品质量出现问题，这样才能在长期的商业活动中保持产品的质量口碑。

2. 提升服务的响应性

服务的响应是电商工作质量的重点，很多评价都是对电商态度的评价。这里的评价主要分为以下几个方面。首先就是关于电商的响应速度，响应速度快的商家一般情况下能够得到用户的认可。其次就是发货的速度，很多商家一般是积累到一定的量再进行发货，这样用户对商家的评价就会变得较低，所以如何提高自身的响应速度是商家必须做的。很多农村居民在对于商品发货的反馈上更为敏感，如果商家在发货上一旦出现问题，商家就会遭到差评，在这样的情况下，提高商家的反应速度以及效率是非常重要的。最后是对于退货的反馈，退货是电子商务中较为常见的一种解决问题的方式，在退货过程中，容易出现双方各执一词的现象，双方都会认为错误不在自己身上，

而最终将错误推向物流，此现象在整个行业中是非常普遍的，这就需要商家对物流进行监督，提高退货的反馈效率。

（二）物流方面

物流是电商行业的中间环节，电商与客户之间的联系一方面建立在物流上，另一方面建立在网络上。物流在如今的电商环境下，虽然已经逐渐趋向成熟，但在细节方面还需要注意以下几点。

首先是配送和接收的问题。在配送的过程中，物流工作人员需要对用户所在地点进行配送，即送货上门，但是在农村地区，物流员想要找到所有的住家，就不是那么容易了，在这种情况下，那就是利用在同村熟人之间进行派送。农村和城市相比，农村人之间的熟悉程度远远超过城市人的熟悉程度，所以，让一个熟悉本地的人帮助派送，在效率以及服务质量的提升上都有非常重要的意义。

其次是如果不能够送货上门，那么就可以送到各大地区"菜鸟驿站"。在农村，物流公司可以适当地建设一两个代收点，让客户在代收点进行签收，这样一方面提高了物流的效率，另一方面也能够让客户填写地址更加便利。同时，这样代收点的出现，不但能够在一定程度上对收退货有帮助，而且能够让客户在拆分包裹的时候，有一个第三方见证，避免了在物品出现问题后、找不到追责人的情况。

电子商务在我国的发展远远没有达到饱和，尤其在农村还有很大的发展前景。现如今国家扶持农村经济发展的力度在加大，农村和城市的差距也在进一步缩小。

第五节　农村电商的物流配送解决方案

电子商务的发展离不开物流配送，但是农村交通不便的问题，影响着农村电商物流配送工作的进行。

一、农村电商物流配送的相关信息

（一）农村电商物流配送的特点

农村电商物流配送最明显的特点一是农村的基础设施落后，二是物流人员对农村物流的认识不全面。在农村物流配送的工作人员当中，大多数人对物流的认识都不全面。三是农村物流员不重视物流配送的相关法律。

（二）农村电商物流配送的运行模式

基于农村人口的分布以及日常活动等情况，作者将农村电商物流配送工作的运行模式进行了划分，具体有以下几种。一是在农村小卖部设立自提点。然后通知村民前来提取自己的物品。二是在农村或者农村周围设立物流的综合服务中心。

二、农村电商物流配送的解决方法

（一）自建物流配送网络

许多商家在发展过程中都会建立一个属于自己的物流配送网络。通过这种方式不仅可以提高消费者网购效率，还可以自行控制并改进物流服务。

（二）引进专业的物流人才

在任何一个行业中，引进专业的人才是很有必要的。只有专业人才的参与，行业才会发展得更加顺利。

第四章　农村电商的发展模式研究

第一节　农村电商营销模式

随着信息时代的高速发展，各行业、产业迎来了新一轮发展、机遇。在此背景下，特色农产品营销与互联网技术的有机融合也逐渐成为一种必然发展趋势，在不同层面给城乡融合发展带来了积极的促进作用。但就目前来看，由于环境、政策等方面的限制，特色农产品电商营销还存在一些有待解决的问题，只有将这些问题得到妥善解决，才能够使得消费者、农户的各项需求得到充分满足，为我国特色农产品开拓出更理想的发展前景。

一、农村电商营销模式创新

（一）完善农村地区的网络设施

一方面，对于农村地区的网络设施，以及其他硬件设施投入，政府应结合具体情况做出恰当调整，确保各地农村可以获得理想的网络使用条件。同时，针对参与到特色农产品电商营销中的农户，政府可以着重从电脑、网络这两个方面费用来给予适当补助，使得农户可以降低电商营销的成本，进而吸引更多农户积极参与到特色农产品电商营销当中。另一方面，要结合具体情况，定期维护农村地区的信息设施，若维护工作不到位，会影响到网络设施的利用率。很多农村的基础信息设施建设、维护未得到地方政府的足够重视，使得特色农产品电商营销的进一步推广受到重重阻碍，所以，对于这一方面各地政府一定要结合具体情况进行改善。

（二）构建特色农产品物流体系

对于特色农产品电商营销来讲，在其实践中往往都离不开科学、完善的物流体系的有力支持。因此，为了开拓出更理想的发展前景，应重视、优化特色农产品电商营销的物流体系构建。现实中，大多数农村地区的交通建设都比较滞后，物流成本较高，这是一些地区的特色农产品电商营销一直难以取得理想发展成果的一个主要原因。对此，主要可以从以下几个方面来对特色农产品物流体系做出进一步优化。一方面，政府应结合具体情况给予一定帮助，推动各地区物流企业的规模化发展，以此来促进经营效率的显著提升，从而使得物流成本可以得到有效降低。另一方面，要为物流企业的信息化发展创造良好条件，基于信息技术来优化对物流成本的控制。此外，还要将农村自建的物流模式，以及第三方物流恰当融入物流体系中，由此来为特色农产品的电商营销提供有力的支持。

（三）培养更多的电商技术人才

对于特色农产品电商营销来讲，通常也离不开相关技术人才的有力支持，主要是因为电商平台的操作，年轻人学习、掌握起来比较容易，但各地农村的年轻人大多都涌入了城市，剩下的年轻人也大多不愿意从事特色农产品电商营销方面的工作。因此，农村地区电商人才的培养还有待完善，主要可以从以下几个方面入手。

一方面，加大宣传力度，使得更多年轻人能够对特色农产品电商营销方面的各项工作有深入了解，正确认识到这个方面的工作还是有发展前景的。另一方面，要积极从各高校引进专业人才，通过更高的工资、更好的福利待遇等来吸引更多专业人才加入特色农产品电商营销队伍当中，以此来为电商平台的进一步推广提供有力的人才支持。同时，政府也可以通过加强与有实力的电商企业合作这一路径来提高电商人才质量水平。除此之外，政府也可以整合现有资源、条件来组织免费电商培训班，积极鼓励广大农民加强对电商平台相关知识、技术的学习掌握，以此来从整体上提升农民的电商营销能力，为之后特色农产品电商营销提供有力支持。

（四）普及移动支付，推广电商服务站

首先，农村地区要想进一步推广特色农产品电商营销，往往都离不开移动支付方面的有力支持。但是就目前来看，很多农村地区移动支付的认可度不高，了解的也只是少数的年轻人，所以移动支付的推广普及程度有待提升。对此，政府应发挥好带头作用，定期开展移动支付的普及宣传活动，使得农户可以对移动支付的优势、特点有进一步了解。同时，针对相关法律制度的制定、完善也要给予足够重视，以此来推动移动支付的健康稳定发展。

其次，对于农村电商服务站来讲，作为农村的重点项目，推广、建设水平对于农村电商发展水平有着重要影响。现阶段，农村的电商服务站一般都是以阿里巴巴的农村淘宝、京东服务站等为主。因此，政府要通过加强与企业的合作交流来进行农村电商服务站的建立、推广，以此来帮助农民更好地进行特色农产品的营销，获得更大的经济效益。

（五）合理选择当地特色农产品

对于特色农产品电商营销来讲，要想为农户赢得更大的经济效益，特色农产品的

选择一定要与市场中的正常消费品存在一定区别，要从农产品的品质、品种这两个层面入手，以此来促进特色农产品竞争实力的显著提升。且在此过程中，对所选产品的可操作性要给予充分保障，只有这样才能促进农产品种植、养殖成功率的显著提高，才能取得理想的发展成果。

二、农村电商营销模式的技术支持

首先，在移动互联网高速发展背景下，平台型电商公司逐渐成为新经济的一个鲜明代表。如天猫、京东等通过自身优势可以达到成本递减、价值倍增的目的。面对大量用户，这些电商公司可以突破时空障碍，通过网络来带领广大消费者进一步认识偏远地区的特色农产品，并促进其销售，使得以往农产品销售在时空上存在的各类问题得到有效解决。

其次，传统电商热销的农产品，大多都是易储存、易运输的一些干货，在推广冷链物流技术后，生鲜类农产品获得了更广阔的销售市场。如火龙果在正常气温条件下，一般只能保存一周的时间，但在引用了冷链物流技术之后，便可以确保其保质期在半个月以上，从而保证消费者收到新鲜的产品，进一步提升了消费者的购买欲。另外，产品溯源防伪技术的应用推广，也使得产销者之间的信任问题得到了妥善解决，使得更多消费者愿意通过网络路径来进行生鲜类农产品的购买。

最后，微信技术给社交电商发展带来了促进作用。自从微信技术出现以来，凭借视频聊天、移动支付等各类功能得到了人们的广泛青睐，人们的社会生活方式，以及商业形态也发生了巨大改变，尤其是基于朋友圈分享而取得显著发展成果的社交电商、拼团也给农产品销售带来了新的契机。

现阶段，各地区的农村电商发展还处于参差不齐的状态，但互联网、大数据技术的高速发展与广泛推广，都在不同方面给农村电商模式的创新发展带来了诸多发展契机。对此，各地农户应充分把握技术、资金以及产品特点等方面的优势，选择更适合、完善的电商营销模式，为特色农产品开拓出更广阔的发展前景。同时，还要对农产品电商营销做出进一步规范，促进电商人才、产品与服务质量的全面提高。

第二节　农村电商能人成长模式

随着"互联网＋"战略的持续推进、农村信息基础设施的不断完善以及农村物流体系和农业企业的创新升级，电子商务有力地促进了乡村振兴发展。通过农村电商实现乡村振兴目标，重要的是培养大量农村电商人才，农村电商能人是农村电商人才中最重要的一类人才。丁菊等认为可从拓展供给渠道和分类引进培育两方面着手，提升农村电商人才开发总量和质量；也可利用"PDCA"理论，加强对农村电商人才培养过程的监督与管理，开展农村电子商务普及性培训。文献研究侧重于农村电商人才培养体系建设，而本节则探讨农村电商能人的成长模式，侧重于探讨农村电商能人的成长过程。

一、农村电商能人的概念及特征

（一）农村电商能人的概念

农村电商能人主要指在农村电商业务中，具有较强的电商技能并具有较强社会声誉、扎根农村的个体电商或农户。这一概念与农村网红既有相同之处，又存在差异。网红常指在网络中因某种原因而被大量网民关注而走红的个人。农村电商能人并不一定能够被大量网民所关注，因而未必是网红，但是其一定在网络销售或者电商技能方面在当地农村具有相当大的影响力。而农村网红并不一定从事农业相关业务。

（二）农村电商能人的特征

农村电商能人具有以下四个基本特征：一是具有较高的电商技术或电商经营能力或拥有较多的社会资源；二是有较强的企业家精神或较高的创业家素质；三是具有较强的社会声誉或至少在乡亲间属于意见领袖型人物；四是具有良好品德，乐于助人。

二、农村电商能人的成长模式

（一）影响农村电商能人成长的因素

一般农村电商能人的成长易受内、外部因素的影响。内部因素主要包括个人的性格、志向、个性、社会阅历、生活需求等个性特质因素以及其所具有的电商技能或资源、信息。外部因素主要包括地方创新创业文化、地方政府政策、地方扶持电商资源、个人的家庭状况以及居住地的农业环境等因素。通常，当农村劳动力越具有创新与冒险精神、越有改善生活的欲望、越能接受新技术和新知识时，其越具有成为农村电商能人的潜在素质，越易转化为农村电商能人。而当农村创新创业环境越完善、政府对电商创新创业扶持力度越大、地方农产品越具有地方特色且质量越高时，会越容易孕育出农村电商能人。

（二）农村电商能人成长的三个基本类型

独立型成长模式。独立型成长模式主要靠行为主体自力更生，不断积累知识、提升技能，不断反思，不断学习进步，进而发展成为农村电商能人。这种电商能人主要指拥有一定技术专长的农村劳动力，或拥有一定生产资料的小生产者，并且其能够坚持从事电商业务，具有较强的冒险精神。例如，农村直播网红"乡野八妹"聂凤娟。

聂凤娟创业的初始动力来自其强烈的收入需求，因为当时她没有工作，在老家带孩子。当她看到网上有农村妇女做短视频、直播销售农产品赚钱时，就开始自己学习制作短视频、直播，积累经验，不断提升自己的直播带货能力，不仅收获了许多人的支持，成为远近闻名的农村电商能人，也成为直播带货湖北赛区亚军。

帮扶型成长模式。帮扶型成长模式主要指行为主体依赖他人亲自辅导而成为农村电商能人，或者通过政府或第三方组织开展的电商项目而成为电商能人。通常，这种类型的农村劳动者具有一定的创业精神，有一定志向，但缺少必要的技术或经营资源。安徽省淮北市濉溪县孙疃镇尤沟村的孙家干是返乡农民，回乡后经考试成为扶贫专干，并参加县电商培训项目，后又在政府部门、村党支部与淘宝平台的帮助下成立农村电商服务部"农村淘宝服务站"。孙家干不仅为贫困农户购销农产品和日用品，而且为农户提供必要的农产品需求信息，引导农户生产适销对路的农产品；如果遇到暂时没有销路或者售价较低的农产品，孙家干便会联系厂家或周边农企进行深加工，增加农产品附加值，提高农产品的市场价格与竞争力。

混合型成长模式。无论哪种成长模式，均不可能完全相互隔绝，终会呈现出一种混合状态。例如，电商主体刚开始从事电商或伴随着业务的大规模发展而超过电商主体的能力时，电商主体可能更需要来自政府或其他网络平台的支持。2015年，陕西省延安市宜川县残疾青年付凡平家中贫困，为了谋生，参加宜川县电子商务培训班，在培训教师的帮助下开始经营自己的淘宝店，经营苹果、梨、花椒等10余种特色农产品。后又在宜川县云岩镇镇政府的帮助下，创办"云果飘香"土特产专卖体验店，后又注册商标"蒙恩农场"，创立宜川县蒙恩农场农产品经销有限责任公司。由于经营策略得当、诚实守信，市场口碑良好，销量不断提升。付凡平富裕后积极回报社会，专门为残疾人办培训班，为残疾人免费提供吃住，截至2020年，其共出资50多万元，培训470多人次，指导60余人注册和开办网店，细致地教他们开淘宝店。付凡平虽为生活所迫，但有一颗不屈服的心，通过政府主导的电商培训，涉足电商，此时是精准帮扶型成长，但后来其经过自己的不断努力学习，创新发展而成为闻名地方的农村电商能人，此时独立型成长又占主导。"乡野八妹"聂凤娟在其成名之后，为了拓展电商直播业务，也接受地方政府的直播培训帮扶，由独立型转化为混合型成长模式。

三、农村电商能人培育对策

农村电商能人的成长受内、外部因素的共同影响，内部因素是根本因素，外部因素是条件与强化因素。农村电商能人的成长模型有独立型、帮扶型、混合型3种。从长期来看，农村电商能人的成长离不开外界的必要帮扶，更多呈现出混合型成长模式，因而培育措施也应具有多元性。

（一）普适性与精准性培训相结合

地方政府既要扩大免费初级电商培训的覆盖面，提升广大农村劳动力的电商素质和意识，发掘出具有电商潜质的农村劳动力，又要事先进行调研、宣讲，实施高级电商业务培训，以精准培训培育出有志于从事电商的高级人才。

（二）常规培训与精准扶持相结合

地方政府既要持续开展一定规模的电商技能和知识培训活动，也要对已从事电商业务或已具有一定电商声誉的电商能人进行阶段性精准评估，为其提供精准、个性化的电商扶持。

（三）政府与电商平台相结合

既要发挥地方政府对农村电商能人的培育作用，也要与各类电商平台或企业合作，充分发挥电商平台的数据、资金、技术等资源优势，实施农村电商能人成长专项项目。

（四）普通农村劳动力与大中专毕业生相结合

农村电商能人的来源本应多样化，其最主要的来源应该是当地农村普通劳动力，但在培育农村电商能人时不仅要将目标群体定位在农村普通劳动力身上，而且要重点吸引、培育地方大中专毕业生。通过培育这些已具有一定电商基础、受过高等教育的地方大中专毕业生，可更加高效地培育出农村电商能人。

（五）环境孵化与精准培育相结合

政府需要完善农村电商创新创业环境，完善各类电商培训体系，宣传创新创业文化、政策，整合现有的创新资源、乡村振兴计划或项目，使尽可能多的农村劳动人口有意识、有条件地自我学习、自我成长，同时，政府要提供必要的资源、技能和政策帮扶。

通过文献与案例研究发现农村电商能人成长的三个基本模式，即独立型、帮扶型、混合型模式。应加强普适性与精准培育，加强个性化帮扶，协调外来人才，将大中专毕业生与当地农村劳动力结合、与电商平台合作，完善农村创新创业环境，最大限度地发现并培育农村电商能人。

第三节　农村电商发展"赶街"模式

生态环境好，但区位条件差、信息相对闭塞、公共服务欠缺，农产品质量好，但销售渠道窄、综合效益低，劳动力尤其是青壮年持续外流，是大多数山区农村普遍存在的现象。遂昌县是浙江省26个后发县之一，同样面临着以上种种问题。然而，遂昌县干部群众不等不靠，主动作为，从解决山区农村生产生活的根本问题入手，通过培育和扶持农村电子商务发展，全面推广"赶街"模式，优化农村电商发展格局，创新了农村生活方式，推动了农业提质增效，促进了农民增收致富，打开了一条"绿水青山"通往"金山银山"新通道，让乡村生活变得更加美好。

一、"赶街"模式概述

（一）"赶街"的内涵

"赶街"一词源于遂昌土话，是农村赶集、逛市日的意思，用此作为农村电商平台名称，既有原汁原味的遂昌特色，又能拉近与农民的情感联系。通俗地讲，"赶街"是指"电商服务平台＋村级服务站"的"OTO"模式，并由此衍生出完整农村电商生态体系，其中电商服务平台负责网商培训、农产品网货标准制定、品控、仓储等服务，村级服务站则帮助农民代买、代卖。进一步解释，"赶街"是以在农村植入、普及和推广电子商务为核心，旨在打造全国最大的农村电子商务服务平台，通过发挥电子商务的优势，突破信息和物流瓶颈，为农民在购物、售物、缴费、出行、娱乐、资讯等方面实现"一站式"服务，让乡村购物更便利，使乡村生活更美好。

（二）"赶街"的运营

"赶街"构建的"OTO"农村电商模式，主要依托电商、店商、微商、旅游展览四大服务平台，形成贯通城乡的全方位电商服务体系。其中：电商平台以赶街网及淘宝网各地特色馆为核心，实现货物信息在城乡间快速流通；店商平台是建立深入行政村的赶街实体服务店，主要解决农民购物的物流配送、货款结算、技术服务等实际问题；微商平台针对客户经营农产品的特点，建立专业的门店平台，实现平台统一管理和农户个人自主经营之间的有机结合；旅游展览平台针对农产品的特殊性，以及协调发展农村经济的需要，向下对接地方特色旅游，向上到城市组织农特产品展销会、特卖会。四大服务平台相互依存、相互支撑，真正实现城乡之间优势资源对接、转换，为"优质消费品下乡"和"原生态农产品"进城提供了双向流通渠道。这样的平台模式着眼于城乡经济一体化，不但具有足够的前瞻性，又有适应当前农村基础服务设施欠缺而制约电商规模化发展的能力。

"赶街"以县域为地理半径，在每个模式输入县成立县级运营中心，提供本土化电子商务综合管理和服务。线上通过集合当地大量松散、不标准的小卖家，为他们提供专业培训，并对上游货源进行统一整合，拟定采购标准，指定专业团队进行统一运营；线下通过将电子商务服务站布局到行政村，并在当地招募并培训专业服务人员进行普及推广，由此构筑线上和线下完备的电商生态体系，形成富有当地特色的农村电子商务产业链条。同时，各地县级运营中心还采取统一包装、统一配送、统一售后等标准化操作，力求不同的产品实现一样的服务，达到"赶街"标准的一致性。

目前,"赶街"的服务项目主要有三大类,分别是电子商务、本地生活和农村创业。其中;电子商务是核心,为农民提供生产资料、生活用品代买,同时也收集农村农特产品信息,为农产品提供销售渠道;本地生活是延伸,专门提供快递代收发,火车、客车、飞机票预订,酒店、餐厅预订,医院就诊预约,水电费、宽带费、手机费预缴等;农村创业是未来,定向扶持原生态农特产品发展,培训专业农村电商人才,旨在打造"一村一网点""一村一产业"。可以说,"赶街"服务涵盖了农村生产和生活的方方面面,为农民提供了内容丰富、可选性大的便捷生活方式。

(三)"赶街"的优势

"赶街"能成为全国农村电商的领跑者,必然有其独到之处。

1.注重制度管理创新

"赶街"由浙江赶街电子商务有限公司负责运营,公司拥有员工近500人,其中专业技术团队近100人。公司按照现代互联网企业模式进行运作,对各地县级"赶街"运营中心和村级"赶街"服务站实行统一的严格管理和规范服务。其中,县级运营中心建立标准的人事管理制度、财务管理制度和技术保障制度,保证县运营中心正常规范运转。县级运行中心还负责对村级服务站进行管理考核,及时支付销售提成、便民服务佣金和考核奖励。村级"赶街"服务站则从选人选址到装潢验收,再到硬件设施配套都执行严格的统一标准,由县级运营中心派出专人负责跟踪推进,同时对村级服务站专职工作人员进行终身制培训,做到日日有沟通、周周有回访、季度有培训。正是因为重视源头和终端的制度建设,才保证了"赶街"即使在不同区域也能推行统一的落地标准和服务规范。

2.注重模式设计创新

"赶街"创新打造"1+3+6"工程,即建一支队伍、织三张"网"、引六类服务。建一支队伍是指"县级运营中心 + 当地县级政府 + 村级服务站"组成的"三合一"队伍。其中,运营中心负责拓展、管理和服务村级服务站,当地政府负责为"赶街"模式落地提供必要的政策、环境支撑,村级服务站则是"赶街"与农民接触的最终落脚点。织三张"网"是打造"线下服务网、农村物流网、交易平台网"一体化平台,保障农民从网上购物下单到送达手上的一条龙服务,也反向将农民生产的原生态农特产品带回城市。引六类服务包括了"农需品下乡、农产品进城、便民服务、乡村旅游、政府公共服务、农村金融支持"等6类服务产品,旨在将便利的生活方式根植农村社会。这样的模式设计是经过长期实践探索得出的宝贵经验,由三方共同发力,保持服务总平台顺畅,为农村农民提供一站式服务,最终实现与农民生活方式的良性互动。

3.注重技术方式创新

"赶街"虽然致力于农村生态经济发展,但仍然是一项以"互联网 +"为基础的产业创新模式。因此，"赶街"始终以保持模式创新活力为立身之本，不断推动技术革新和方式创新。在进一步推广和输出模式的同时，"赶街"也在通过大数据、手机移动端等不断开拓新的领域。

在农村电商刚开始起步的时代，"赶街"已经敏锐捕捉到其中的变化趋势，在一片质疑声中开始布局农村市场，抢占了绝佳的发展先机。当前，各大电商巨头纷纷加入农村市场的争夺，推动农村电商市场进入爆炸式增长的2.0时代。"赶街"已经以成熟的领先模式向外输出，并在不断实践推广中打出名声名气，成为农村电商领域的一朵奇葩。

二、"赶街"模式的经验、启示和未来

"赶街"以其可复制、可推广的创新性、实践性迅速向外输出，成功走出县域大门，走向更为广阔的全国农村电商舞台。

（一）"赶街"的经验

1. "赶街"是推进农村转型发展的积极探索

"赶街"根植于农村，在每个行政村设立服务站，将神经末梢安在了接触农民的最前端。"赶街"不仅改变了传统消费购物习惯，更重要的是为农民带去了"互联网+"的全新思维，让农民明白即使生活在农村，只要把握住机遇，通过"互联网+"发展原生态农业、乡村休闲旅游、生态服务业等，也能闯出新的天地。目前，遂昌县已有网店2000多家，农村电子商务从业人员8000多人。在"赶街"模式的影响和推动下，遂昌县逐渐形成以原生态农产品为主，竹炭制品、旅游服务、服装销售等为辅的电子商务产业体系，成功打响北界红提、七山头土猪、应村猕猴桃等农产品品牌，不断推动农村经济社会转型发展。

2. "赶街"是促进农民增收节支的有效渠道

"赶街"让深居山村的农民搭上了信息化的快车，拉近了与广阔市场的距离。懂得新技术、新观念的农民不再单纯地种养，而是依托"赶街"的大数据分析，做到定向种养、提前预警，并在生产分散化的前提下，实现销售集中化，从而获得更广阔的销售市场和更强的议价能力。一方面，"赶街"致力打造"一村一品"区域产业，先后涌现出"茶叶村""青糕村""笋干村""番薯干村"等20余个网上销售产品特色村，不断带动农民增收致富。另一方面，"赶街"缩短了消费品从城市到乡村的流通环节，让商业变得更加透明和高效，不但改变了农村商业环境现状，也让农民真正节省了资金。遂昌县的"赶街"站点，每年至少能为农民节约500万元的生产生活成本。

3. "赶街"是解决服务群众"最后一公里"的创新方案

"赶街"不但是一个产品物流体系，更是一个发布和采集信息的村村通渠道。通过

这个渠道，政府可以将各种惠农政策、信息和法规，以最直接和最有效的方式传递给农民群体，推动政府"三农"工作有效落实。同时，政府还可以通过这个渠道，采集基层反映的问题、表达的诉求，并通过大数据分析为政府制定政策、措施等提供可靠、有效的第一手依据。同时，"赶街"有效弥合了城乡二元化带来的裂痕，让农民享受与城市同等便利的生活方式，吸引了越来越多的外出青年返乡创业就业，助力破解农村"空壳现象"和"空巢现象"。此外，"赶街"也间接推动了农村基层设施、物流配送等条件进一步改善，对解决服务群众"最后一公里"问题，促进城乡统筹发展都具有积极的现实意义。

（二）"赶街"的启示

1. 践行"绿水青山就是金山银山"要选对路径

随着党的十八大将生态文明建设提升到"五位一体"总体布局的战略高度，"绿水青山就是金山银山"成为全民共识。如何打开"绿水青山"通往"金山银山"路径桥梁，各地都在探索和实践。每一个地区都有各自不同的地理、生态、环境、人文等情况，经济社会发展程度也有高有低，在选择发展路径上必须坚持统筹兼顾、扬长补短，充分发挥自身优势，尽量避免发展劣势，做出最正确、最合理的选择。遂昌县以发展农村电子商务为抓手，通过打造"赶街"模式，抢占信息化的风口，逐步构建起"互联网+"生态产业体系，从而进一步推动县域经济社会转型升级，就是基于县域发展阶段和县情实际分析所做出的正确路径选择。

2. 推进产业发展要厘清政府与市场的边界

"赶街"的成功是一次伟大的"互联网+"创新实践。最初它的出现并非由政府发起的，而是市场资源优化配置的自发行为，并以星火燎原之势快速推进。重要的是，政府在发现其潜在价值后，既没有放任自流，也没有拔苗助长，而是坚持"引导不主导、扶持不干预"，通过公共财政杠杆作用，推动政府购买社会服务，全面激发创业创新热情。同时为"赶街"提供政策等软环境的强大支撑，使其在发展过程中不断修正自己的前进轨迹。"赶街"的启示在于，对待有积极意义的新生事物，要正确厘清政府与市场的边界，其中市场能干的要坚决放，市场缺位的要全力补，让"无形之手"与"有形之手"协同发力、相得益彰，共同推动新生产业向前、向好发展。

（三）发展农村"互联网+"生态产业要抢占先机

随着农村电商布局的快速推进，农村信息化浪潮正在加速袭来，以"互联网+"为代表的农村生态产业将成为下一片拥有广阔前景的"蓝海"。谁能够抢占先机，谁就将拥有开拓未来的主动权。"赶街"的成功告诉人们，哪怕是四、五线城市，哪怕没有优越的创业创新环境，只要对新生事物保持足够敏感，以及拥有一颗随时准备向前冲的心，就能在风起云涌的"互联网+"时代，让星星之火实现燎原。

（四）"赶街"的未来

1. 做万众创新的实践者

在大众创业、万众创新时代，"赶街"模式就像一把标尺，可以丈量出创业创新的含金量。全国各地来参观考察"赶街"模式达到两千多批次，足以说明"赶街"模式的创新魅力所在。下一步，"赶街"将继续提升发展模式内涵，通过向外输出推广，继续为农村创业创新做出贡献。同时，"赶街"将致力于农村电商软环境建设，通过与各级层面政府部门进行深入合作，促使政府制定出台有利于农村电商发展的人才、资金、标准等政策措施，进一步优化中国电商创业创新环境，为其他行业创业创新能量释放提供积极的样本。

2. 做美丽乡村的引领者

"让乡村生活更美好"是"赶街"的终极目标，也是"赶街"不断前进的动力源泉。下一步，"赶街"将继续以推动乡村商业模式变革为己任，通过物流配送渠道、电子商务服务站等建设，优化农村商业环境，为农民带去真正的便利和实惠。同时，"赶街"将致力于培养农村"创客"群，通过培训农村电商人才、创业人才等，促进生态产业发展，打造适宜乡村的产业链条，以产业模式转变带动生活方式转变，将影响力渗进农村生活的方方面面，最终实现"打造乡村美好生活"的愿景。

第四节　农村电商"双创"人才培养模式

随着乡村振兴战略的实施以及电子商务进农村示范县项目和农村电商扶贫工作的不断推进，最早兴起于 20 世纪 90 年代中期的农村电子商务在近几年出现了爆发式发展。农村电子商务发展迅速，但人才培养滞后的问题日益凸显，许多省份农村都存在"电商人才荒"，面临"有劲使不出"的尴尬局面。培养适应乡村振兴的农村电商人才是高等职业院校职责所在。本节从专业建设的角度，以提升创新创业能力为核心，对农村电商人才培养模式进行探究，并指出了未来我国农村电商人才专业培养的努力方向。

一、农村电商人才培养现状及存在的问题

电子商务指经济活动主体之间利用现代信息技术和互联网开展贸易活动。农村电子商务是电子商务在农村地区的具体应用，强调在农村推进和应用，是一个区域内所有涉及农村各类电子商务的经济形态总和，包括农业电子商务以及农村地区的工业和服务业电子商务。农村电商人才特指在农村地区从事电子商务活动的人员。

我国高等职业教育从 2001 年开设电子商务专业以来，随着电子商务在经济社会发展中的地位日益凸显，电子商务专业也出现了快速发展的势头。根据教育部 2015 年颁布的高等职业教育专业目录，电子商务专业属于财经商贸大类的电子商务小类，这一小类现有 5 个专业，分别为电子商务、网络营销、商务数据分析与应用、移动商务、跨境电商。电子商务专业由一个专业变成一类专业，反映出我国的电子商务已经由新型商业形态升级为新型产业，对人才的需求越来越高、分工越来越细。

目前，农村电商人才培养主要是短期培训和学历教育两种形式，短期培训是主要形式。这是因为：一是学历教育周期比较长、门槛高、覆盖面有限，"远水解不了近渴"；二是高等职业专业目录中没有"农村电商"这一专业。传统电子商务专业的培养目标也不是以农村电商为主体，因此现有的电子商务专业学生对农村电子商务既没有专业归属感，适应性也不强，加之受工作环境、薪资待遇以及城市也缺电商人才等因素影响，大多数电商专业学生不愿意到农村从事电子商务工作。短期培训存在的问题也是显而易见的：一是时间短，所学内容有限；二是培训对象认识水平参差不齐，很难培养中高级人才；三是没相应专业作为支撑，培训内容缺乏科学性和系统性。从服务于乡村振兴战略的角度来看，高等职业院校培养专业的农村电商人才是解决农村电商人才短缺的根本出路。因此，构建农村电商人才培养模式是亟待解决和有建设性的工作。

二、农村电商人才专业培养模式设计

目前，在没有农村电商专业的情况下，可在电子商务专业下面开设农村方向，专门培养农村电商人才，构建以创新创业能力培养为核心的"校地联动、校企合作、课赛融通、突出实战、系统支撑、服务农村"的农村电商人才培养模式。

在农村电商人才的培养思路上要区别传统电子商务专业。一是突出创新创业能力培养。电子商务专业本身是一门强调创新和实践的专业，而面对农村电商的复杂性、薄弱性，更需要培养有创新创业能力的电商人才。二是要突出专业的适应性，培养的学生要能够适应农村电子商务工作，因此在课程设置上要有针对性，在职业意识培养方面要有引导性。

（一）更新一个培养理念

创新创业教育不能独立于电子商务专业教育之外，要相互融通、互为支撑。高校非常重视创新创业教育，有的学校还成立了专门的创新创业学院，但实际效果不太理想，主要原因是创新创业教育独立于专业教育。目前，高校的创新创业教育还停留在由就业指导部门或创新创业学院开设几门课程、举办一些专业比赛和技能训练的层面。脱离专业教育的创新创业教育是不接"地气"的。一是任何创新创业要依托于特定的专业和行业，否则就是泛泛而谈，缺乏针对性。二是受课时限制和开课单位非学生所在院系等因素影响，创新创业教育引不起学生重视而被"边缘化"。三是发展农村电子商务更需要具备创新创业能力的人才，只有将创新创业教育贯通到电子商务专业教育的全过程，才能培养出具备创新创业能力的农村电商人才。

（二）建设两支师资队伍

电子商务实践日新月异，而且学科的交叉性和实践性很强，所以电子商务研究和教学往往落后于电子商务实践，学校关起门来办电子商务专业是行不通的，要按照"共享"的原则建设校内外专兼职相结合的两支师资队伍，称为"2221"模式。第一个"2"是指电商专业师资必须由校内外两支队伍组成，实现"校地联动、校企合作"；第二个"2"是指校外师资也是由两方面人员组成的，既要有一流的校外专家作为客座教授引领专业建设，也要有一线电商从业人员作为实训导师指导学生进行实训实战，这样既提升了理论层次，又培养了学生的实践能力，突出了创新创业教育；第三个"2"是指校内师资除了电商专业师资外，也要吸纳涉农专业教师作为电商专业师资的有益补充，实现专业互为支撑、突出农村因素；最后一个"1"，就是要围绕发展农村电子商务产业链这一主线，针对急缺运营推广、美工设计和数据分析三类电商人才的实际情况，按照建设高水平电子商务专业群的思路对数据分析、艺术设计、市场营销、物流管理、现代农业、食品营养与检测、农业生物技术等相关专业和师资进行有效整合，形成合力。

（三）突出三个教学环节

创新创业教育理念的实施首先要落实到教学环节上，要在课程设置、教学方法、学业考核等方面体现创新创业教育的理念。在课程设置方面，每一门专业课的设置，既要考虑这门课程在整个专业中的逻辑关系，也要考虑在创新创业教育中发挥的作用。比如，给电子商务专业开设《公文写作》《普通话训练》等专业拓展课，就是为了让学生具有良好的语言、文字表达能力和沟通能力，这既是专业培养规格所需要的能力，也是创新创业所具备的基本素质；在教学方法方面，要改变"照本宣科"、按课本原有章节进行讲授的传统教学方法，要以问题为导向实施项目化教学。比如，在《图形图像处理》这门课教学上，教师在第一节课就可以给学生布置对某类农产品设计外包装的项目任务，然后由学生寻找归纳完成该任务所需的方法和工具，再由教师进行相关讲授和训练指导，最后师生共同完成项目任务。这种教学方法不仅可以提升学生的学习兴趣，也可以培养学生分析问题、解决问题的能力。在学业考核方面，要打破"一张试卷考到底、一考定终身"的学业考核模式，不但要增加专业技能考核，也可以将技能考证、专业比赛、创新创业等成绩折算成学分，更加突出学生的"实战"能力。

（四）完善四大课程体系

要在电子商务专业课程中更加突出创新创业类课程，使现有的"几门"课上升为"一类"课。但受整个专业课时的限制，不宜多开新课程，而是对现有课程进行整合，完善电子商务专业创新创业课程体系。一是将现有的大学生职业发展和就业指导类课程，如《生涯规划》《创业基础》《就业创业政策指导》作为创新创业基础课程；二是将电子商务专业的所有实训课程，如《淘宝基础实训》《电子商务数据分析实训》《客户服务与管理实务》作为创新创业实训课程；三是将电子商务专业课程中能帮助学生掌握创业成功或企业运营的方法和技巧的课程，如《品牌策划与管理》《商务沟通》《消费者行为分析》作为创新创业拓展课程；四是将专业见习、技能比赛、专业考证、顶岗实习等作为创新创业实战课程。建设和完善电子商务专业创新创业课程体系既体现了创新创业课程的系统性和重要性，也有利于整合课程资源培养学生的创新创业意识和能力。

（五）构建五个教学场景

创新创业教育必须突破传统的课堂教学，走出教室，在不同教学场景中解决学生的能力提升问题。以学生创新创业能力培养为主线，构建五个教学场景：一是课堂教学，让学生掌握专业基础知识，了解创新创业所应具备的基本能力，培养学生的专业认知和适应能力。二是实验室模拟实训教学，通过高仿真模拟软件，让学生去"练手"，把所学的理论知识应用到"实际"中，培养学生的专业学习兴趣，激励学生的主观能动性。三是课赛融通的创新创业比赛，以专业学习为依托，有针对性地设置一些比赛，或者组织学生参加大学生电子商务"三创"赛等各类创新创业比赛，培养学生的创新创业意识，提升专业能力和开拓专业视野。四是以众创空间为平台的实战训练，建设学校众创空间，引进电商企业和团队，打造微型版电子商务产业链，营造浓厚的创新创业氛围，提供校内实战岗位。同时，定期开展创新创业实战专项培训，为有创业项目的学生提供创业场所和指导，并帮助申请各类创业资金，这是提升学生创新创业能力的重要平台。五是企业顶岗实习，校企合作建立校外实习基地，在真实环境中学习和提升电子商务专业学生在创新创业方面应具备的素质、知识和能力。

（六）创设六种"留农"渠道

"留不住、用不上"是农村电商人才培养的两个痛点。"用不上"的问题可以通过教学改革解决，"留不住"的问题光靠学校是解决不了的，但学校有引导学生、培养学生职业意识的责任。所以，培养农村电商人才不仅要培养技能还要培养情怀。任何情怀都是建立在认知和实践的基础上的，可以从六个方面去做工作。一是调整课程设置。在课程安排上除了传统的国情教育外，要增加一定比例的关于介绍农村、农业、农民以及农产品的课程，让学生了解农村电商的大环境。二是组织农村见习。可以通过专业见习、暑期社会实践以及到农村电商企业开展爱心帮扶等多种形式引导学生深入农村、了解农村。三是参加技能比赛。学校应围绕农村及农产品营销组织一些技能比赛或组织学生以农村电商为题材参加国家级、省级创新创业比赛，在分析和解决农村电商的各类问题中发现商机、寻找切入点、提升认同感。四是开展典型引领。经常组织农村电商从业人员与学生面对面交流、答疑解惑。目前农村电商从业人员有两大主力，一类是返乡农民工、退役军人，一类是返乡自主创业的大学生。他们的年龄和人生经历与在校大学生有共同话语，能够起到示范引领作用。五是精准培养对象。第一，在电商专业新生中进行二次筛选，挑选出一部分愿意或比较感兴趣从事农村电子商务的学生进行专门培养。第二，借助国家高职扩招政策，把返乡农民工、退役军人吸引到学校学习电子商务专业，培养新型农民。第三，通过电子商务专业辅修的形式引导一些涉农专业的学生或对农村电子商务感兴趣的农村籍非电商专业学生学习电子商务专业。六是争取政府支持。电子商务现在是精准扶贫、乡村振兴的标配，农村电商人才对各级政府的重要性可想而知。建议政府职能部门一方面借鉴"免费师范生"和"大学生征兵入伍"政策，对从事农村电商工作的毕业生给予减免学费政策；另一方面对学生毕业后从事农村电子商务工作要给予政策和资金扶持。

三、农村电商人才专业培养的努力方向

（一）不降培养标准

对于人力资源存在明显劣势的广大农村而言，发展电子商务，人才培养工作至关重要。目前，农村电商人才的培养主要以欠发达地区职业院校为主体，这些学校从师资到实训各个方面都存在各种不足，但不能因此而降低培养标准。一定要紧盯行业和专业发展的前沿和地方经济社会发展的需要，借助当地农村电子商务发展的生动实践和各类资源，内外聚力、激发后发优势，创造性地推进专业建设，按标准甚至高标准培养农村电商人才。

（二）加强校地联动

职业教育的生命力在于紧密服务于地方经济社会发展。学校和地方紧密互动，既可以准确掌握社会所需，也可以借助社会资源实现"借力"发展，弥补自身的不足，从而培养出社会认可的人才。甘肃省的陇南师专开办电子商务专业虽然较晚，但因为承担了省市大规模农村电商人才培训工作，为甘肃省电商扶贫工作提供了智力和人才支撑，发挥了职业教育扶贫的作用，不仅获得了丰富的办学资源，而且促进了专业快速发展，建设成了国家级骨干专业。

（三）引进电商企业

职业教育的特点在于校企联合培养人才。学校要借助众创空间将电商企业引进校园，提高校企合作的有效性。第一，有助于明确专业建设思路。师生可以近距离地观

察和体验农村电商的运作模式，进一步明确专业该怎么建，以少走弯路。第二，有助于降低专业建设成本。把企业运营场所作为专业实训场所，可以降低专业建设成本，更重要的是营造了浓厚的专业建设氛围。第三，有助于实现专业师资共享。引进的电商企业和创业团队不仅可以为教学提供师资，也可以为师生开展研发和创业提供合作机会，从而实现真正意义上的师资共享。

（四）激励专业教师

电子商务专业教师要讲清楚理论知识，自身必须要有实操经验。实操经验对以创新创业能力培养为核心的农村电商人才尤为重要。现在，许多学校对教师工作业绩评价更多地注重教学和科研。电子商务专业教师的实操具有特殊性，不是在实训室做实验，而是商海实战，这不仅有成本，而且有风险，如果不能纳入教师工作业绩和职称晋升考核体系，必然会使电子商务专业教师缺乏主动性。因此，高等职业院校要改变对教师业绩考核只重视科研和理论教学、忽视实操业绩的现状，要充分认识到实操经验作为一种重要而且难得的教学资源对技能型人才培养的重要作用，不仅要将实操业绩纳入考核体系，而且要为教师开展实操工作提供场地便利和项目资助，从而形成良性循环，培养更多的"创新创业型"教师。

（五）做好毕业跟踪

农村电子商务新情况、新问题层出不穷，对电商人才知识结构更新速度要求快，这就需要建立毕业生跟踪系统，要求专业教师经常到农村和电商企业做调研，定期与毕业学生进行多种形式的交流，及时发现农村电子商务对人才的新需求和专业培养中存在的不足，不断调整培养方案、更新教学内容、优化教学方式。此外，学校可以通过网络，借助直播平台、慕课、沙龙等形式建立移动课堂，使毕业生之间、毕业生与在校学生之间、毕业生与教师之间进行双向学习，共同掌握电子商务运营的新知识、新技能，以适应农村电子商务的发展需要。

（六）重视"三农"研究

国家在基础薄弱的农村地区发展电子商务，不单单要解决农产品上行问题，更是要吸引资金、项目、人员流向农村，从而推动农村地区产业兴旺，这是解决"三农"问题的载体。因此，电子商务对于农村地区而言不仅是一种商业形态，更是一场生产力的大变革，是事关大局的发展问题。电子商务专业教师只有站在解决"三农"问题的高度看待农村电子商务，研究"三农"问题，才能准确把握农村电子商务的发展脉络，才能培养出"对口"的"电商新农人"。

第五节 复杂科学管理的农村电商模式

"三农"问题一直是我国政府和社会关注的热点问题。随着近年来电子商务逐渐向广大农村地区推广，我国传统农业结构和农村的生活方式正在发生深刻变化。农村电子商务的发展对推动农村基础设施建设、优化城乡二元结构、保证农村地区推动精准扶贫工作、安置农村剩余劳动力、实现农村经济可持续增长具有重要意义。农村电子商务一方面通过减少中间环节，降低农产品的生产和销售成本；另一方面使交易过程集成数据化，改善农产品的生产和销售环节。

在"互联网＋农村""分享经济"发展背景下，信息技术的进步为农村发展带来新的机遇。目前，"淘宝村"的集聚带动农村县域电子商务规模化发展，已成为农村电商创新发展的典型模式。阿里巴巴网络技术有限公司（简称阿里巴巴）2014年实施的"千县万村"计划，通过在农村部署服务实体的方式，在全国1/3的县（市、区）和1/6的乡（镇）覆盖互联网销售渠道。国务院在2017年发布《关于深入推进农业供给侧结构性改革加快培育农业农村发展新动能的若干意见》中强调，要推进"互联网"现代农业行动，促进新型农业经营主体、加工流通企业和电商企业的对接融合。中国互联网信息中心（CNNIC）发布的第41次《中国互联网发展状况统计报告》显示，截至2017年12月，我国农村网民占比为27.0%，规模为2.09亿人，同比增幅4%，农村地区互联网普及率为35.4%。艾瑞咨询发布的《2018年中国生鲜电商行业消费洞察报告》显示，2017年中国生鲜电商市场交易规模约为1391.3亿元，同比增长59.7%。中国国际电子商务中心研究院发布《中国农村电子商务发展报告（2016—2017）》显示，截至2016年底，全国出现了135个淘宝镇和1311个淘宝村，农村网店达832万家，占全网的25.8%，其中，浙江省、广东省、江苏省的淘宝村数量位居全国前三位。根据商务部提供的数据，截至2016年底，阿里巴巴"千县万村"计划已覆盖约500个县（市、区）和2.2万个村，合伙人超过2万人。农村电商O2O综合平台天天优品，在2016年成功实现了1500个县镇级"互联网＋实体门店"加盟店。菜鸟网络科技有限公司40%县（市、区）到村的物流能够当日送达。北京京东世纪贸易有限公司（简称"京东"）在1700余个县（市、区）建立了县级服务中心和京东帮扶店，覆盖44万个行政村。中国邮政集团公司的"邮掌柜"系统已覆盖20多万个农村邮政服务站点。阿里新乡村研究中心发布《2017—2018年中国乡村互联网发展展望》预测，到2018年，中国农村网购使用率将超过60%，农村网民规模将达2.4亿人。

一、我国农村电商中的创新模式研究

电商模式对新企业绩效的正向影响得到了学者的普遍认可。目前，学者对农村电商模式的基本特征、管理策略、动力因素、市场机制、发展战略、形成及演进机理进行了系列研究。刘亚军等基于全国第 1 批 20 个"淘宝村"的数据，对"互联网＋农户＋公司"模式分类、性质和成功因素进行了分析。凌红从微观经济学供给需求模型的角度提出了新的农村电子商务发展模式（F2A2C 模式）。沈玲等将农村电商发展分为 3 种主体推动模式：现代品牌电商企业推动模式、传统农村物流企业推动模式、传统供销企业与现代物流企业合作推动模式。陈莫凡等运用微分博弈方法分析农村电商及农超对接模式下农户最优努力投入均衡策略，发现农户必须切实评估自身收益能力才能正确选择合适的电商模式。龙飞扬等在分析江苏省宿迁市宿豫区"一村一品一店"的基础上，提出完善农村电商模式的对策。杨振玲等基于对浙江省义乌青岩刘村的案例分析，总结比较优势、创业者自身条件、规模经济、社会网络、创新因子等关键动力因素在电商产业集群不同发展阶段发挥的作用。总体来看，当前我国农村电子商务市场中，随着多元主体的不断加入，如新兴电商企业、金融保险企业、物流配送企业、农村传统供销企业，衍生出独具特色的农村电商模式。

（一）遂昌模式的简述

遂昌模式起源于浙江省遂昌县，是指通过发展本地综合服务商来实现"农产品进城"和"消费品下乡"。2010 年，潘东明成立了遂昌网店协会，在遂昌县政府的支持下探索出一条特殊农产品的模式（电子商务综合服务商＋网商＋传统产业）。2013 年阿里研究中心提出了"遂昌模式"，随着"特色中国遂昌馆"上线淘宝网，标志着遂昌模式初步形成。2014 年据阿里研究院统计，遂昌电商交易规模达到 5.3 亿元，全县"农家乐"接待游客达 262.95 万人，经营收入为 2.66 亿元。

（二）沙集模式的简述

沙集模式起源于江苏省东风村，是通过网销拉动生产，实现农村产业化升级的典型模式（网络＋公司＋农户）。农户通过电子商务交易平台对接市场实现网络销售，实现细胞裂变式的扩大规模并拉动相关产业的发展，最终形成以公司为主体的新生态。该模式推动当地农民从原来第一产业的废旧塑料回收加工转向网销。从 2006 年"三剑客"开始尝试做简易家具电商。2015 年沙集镇共有网商 3000 余家，从业人员 15300人，年销售额超过 30 亿元。沙集简易家具生产所选类目的准入门槛不高。该模式与遂昌模式形成鲜明对比，村民自发模仿创业成功者，自发组织加工生产和仓储，寻找物流，自主选择电子商务平台对接全国市场。这与简易家具产业自身产业链模块化程度高、技术和资金壁垒低、易形成规模经济有关。

（三）清河模式的简述

清河模式起源于河北省清河村，是指在依靠当地政府和淘宝的条件下，以"传统专业市场＋电子商务"的模式实现产业转型升级。清河电子商务从羊绒起步，目前涵盖羊绒、汽配、硬质合金等领域。2008 年清河县委县政府依托传统优势产业，提出"网上网下互动，有形市场与无行市场互补"的发展思路，构建了"专业市场＋电子商务"模式，该模式注重致力于建立专业的交易中心。截至 2014 年年末，清河县拥有 8 个淘宝村和 1 个淘宝镇，阿里巴巴开设网店数量约有 2.3 万家，从业人员达到 6 万人，年零售额超过 30 亿元。

（四）3 种农村典型电商模式的比较分析

综上，对我国当前存在的 3 种典型电商模式的结构范式、特点、优缺点、适用范围和须解决的关键问题进行对比分析。

二、对我国农村电商模式的创新性思考

农村电商平台从传统批发零售产业中获得市场，原因在于模式的创新。新时期加快农村全面转型，必须全面激活要素、市场和主体，不断完善农村电商生态。在农村电商发展过程中，务必要考虑几个关键性问题，即如何调动农民从事电商的积极性？如何促进城乡资源要素双向流通？如何将新生代农民的创新为推动农村发展服务？如何创新性地应用现有的农村电商模式为推动"新农村"建设服务？

（一）对遂昌模式的思考

在传统观念中，农村经济环境相对落后，农民群体不适合从事电子商务创业。电商创业投入门槛低，普通农民通过电子商务实现了从无到有、从弱到强的快速致富，对周边群众的创业观念产生了强烈的冲击，进而积极参与到电子商业创业致富的道路上。普通农民从事电商不需要学历和资质，也不需要依赖地理优势，经过短时间培训就能满足基本要求。遂昌模式特别适合推动当地小电商的批量发展，网店服务中心在电商发展过程中起到核心作用，可在一定程度上弥补政府和市场的失灵，通过高效的内部治理获取会员内部资源，承接政府职能转移汲取外部资源。但遂昌模式的"网商服务中心"是链条上的"单一故障点"，该节点如果出现问题就可能导致整个链条的中断。

（二）对沙集模式的思考

沙集模式在"公司＋农户"的基础上加入了"网络"结构，增加了农民获取信息的途径。由于削减了中间环节，产品定价更低，买卖双方互利共赢。事实证明，沙集农民以拼装家具进入网商独具优势，农村家具电商的准入门槛较低，启动资金和技术

含量要求低，市场需求容量大，产品适合储存和长途运输，容易形成规模经济。熟人关系网络和良好口碑效应是沙集模式迅速扩张的重要原因。农民获得收益，心态发生了转变，过去农村人口外出打工或在家务农，现在外出务工人员纷纷加入返乡电商创业大潮中。农民可以实现将"城里的床"消灭，在家中就可以创业致富。

（三）对清河模式的思考

清河模式的特殊性在于强调专业市场的主体地位。清河羊绒产业作为当地专业市场基础，在政府发挥主导作用的情况下，通过自身的快速成长实现了农民就业本地化。清河电子商务的发展无须中介组织发挥协调和分工的作用。农民网商在实现发展的同时，吸引了相关产业、要素进入当地市场，大大增加了当地资源和生态多样性、聚集性，经济模式改变了农村原来的劳动方式和生活方式，带动当地第三产业的发展，并切实维护了农民的利益。

三、农村电商发展中问题的分析

随着当前农村电子商务产业规模的不断扩大，当前农村电商中存在产品结构单一、发展空间受限、简单复制模式带来同质化竞争、人才缺乏导致"有劲使不出"等情况。而目前出现的种种现象，已经不再是单纯意义上讨论存在的"管理不到位"或"政府投入不足"等问题。要寻求有效的解决方法，必须先从源头上分析管理问题和相关主要因素之间的互动关系。通常农村电商模式的创新发展，需要企业、政府、科研机构和其他创新主体共同参与并形成新的模式。

（一）农村电商环境的复杂性

农村电商创新的环境复杂，政策体系包括财税、金融、土地、营销产业政策等；基础配套设施包括产品质量检测系统、加工包装机制、集散中心、物流配送机制、企业信息网络系统等；机构方面包括公安、工商、税务、商务、质检部门的联合监管。由于环境的不确定性、动态性以及影响因素的非线性交互作用，增加了农村电商主体创新的复杂性。

电子商务模式影响因素分析，参照2014年浙江大学发布的《包容性创新和增长：中国涉农电子商务发展研究报告》，用中国涉农电子商务萌芽期存在的3个共性因素和5个非共性因素来分析上述3种典型的农村电子商务模式。其中，中国涉农电商萌芽期的三大共性因素是有企业家精神的带头人、较低的产业准入门槛、宽松的创业环境。

（二）农村电商创新主体的多元性

农村电商创新的主体主要包括提供科技成果转化的研发机构（高校和科研院所）、将科技成果商品化的电商企业、将产业化成果扩散的中介服务机构、连接多方主体提供资金流的金融机构、提供政策保障和法律咨询制裁的政府部门等。各个创新主体之间有不同的利益需求，使得创新与产业升级在整体上构成了复杂利益多元化需求。

（三）农村电商创新过程的探索性

农村电商创新的过程是企业与多个机构系统集成网络联结的过程，是一个将社会—经济—技术动态重组的复杂过程，同时也是缩小城乡差距的重要方向。如何利用电商平台实现创新，电商企业需要分析大量的正负反馈性影响作用，综合考虑企业的经营战略、行业竞争环境、技术力量、品牌效应、营销渠道、产业分工等多方因素。

四、基于复杂科学管理的农村电商产业模式创新策略

20世纪90年代以来复杂科学开始兴起，其针对复杂系统行为与性质进行研究。王培刚等首次提出复杂科学管理系统思维。该理论认为，管理的实质是创新行为，是改变已有资源创造财富潜力的行为。复杂科学管理要将分割式思维模式转变为系统思维模式，综合考虑管理中的不确定性和复杂性等因素。复杂科学管理创造有利条件让组织在远离平衡态的同时，促进"小涨落"通过非线性作用变成"大涨落"，促使出现"涌现"，整体大于部分之和。我国的农村电商产业模式创新是指在农村电商产业中，对现有模式进行经营理念的转变和电商流程再造，具体策略包括如下四个方面。

（一）加强企业协同、整合产业供应链

我国当前农村电商产业是在长期"条块分割"的环境下发展起来的。从整体上来看，农村电商与电商之间在业务上关联不多，彼此之间在低水平上竞争，大多数电商的供应链条不完整。同时技术研发者与用户彼此之间缺乏直接沟通的平台，零散的组织导致共享资源无法有效利用，结果造成了资源浪费，电商企业缺乏活力，不利于产业群整体竞争力的提高。

电商企业可以根据自身的资源和实力，通过"裂变瘦身"的方式，将无须和无法自身实施的环节分离或外包给其他企业，形成企业间专业化分工的密切协作模式并产生联动效应。在该模式中，部分区域内农村电商企业逐步开始围绕核心企业集聚，电商企业就有"极化"的发展趋势，核心电商企业和小电商企业发展极端化，同时吸引中间电商企业"边缘化"发展，最后形成规模大、竞争力强的核心电商企业和完整的供应链。该过程将核心电商企业和供应链各个电商企业连成网络，将知识溢出和协作功能扩散到供应链的各个环节。通过核心电商企业的创新，引导周边中小电商企业创新发展，带动其配套设施同步升级，进而实现共享资源、降低成本、提高竞争能力。

（二）完善农村电商产业创新机制

农村电商产业模式作为复杂系统，也是一种耗散结构。耗散结构一旦形成，为维

持继续存在就必须保持对外开放状态，以便交换能量和信息。农村电商的发展不仅需要依靠国家宏观政策的支撑，还需要城市电商大平台提供资金、技术和设备等资源的支持。一方面城乡电商企业之间需要通过战略合作关系，建立城乡电商一体化平台，将城市地区的优势资源引入农村地区，同时将优质农村产品输送到城市地区，实现双向流通；另一方面农村电商企业快速集聚发展形成规模优势，增强农村地区电商企业的集约化与组织化程度。

在农村电商个体方面，核心电商企业的"裂变瘦身"使得大量依附的中小电商企业集中在一起，最后形成产业集聚。核心电商企业的不断创新将带动相关中小电商企业同步升级。在这个过程中，核心电商企业首先要通过建立相对完整的创新机制，合理地分配部分共享资源。政府应加大支持力度，在农村电商发展的关键节点方面发挥显著的公益作用。通过制定相关鼓励优惠政策，在土地使用、税费减免、物流配送、人才引进、法律咨询、农产品检测、农产品质量追溯等方面提供帮扶。

（三）建设农村电商模式创新环境

加快建设农村电商发展的"软环境"。政府要着力于强化服务功能，完善农村电商创新创业政策，构建和谐的制度环境。通过政府与相关部门的有效对接，确保我国农村电商产品销售的真实性与可靠性。提高我国农产品在质量方面的要求标准，确保农产品质量安全。以强化农村产品的监管力度，完善信用体制的建设。政府可以根据农村的地域特色和产业基础，创建示范典型，通过树立典型的示范农村电商企业和创业人员的方式，加大宣传力度，营造良好的"软环境"。

加快建设农村电商发展的"硬环境"。加快我国农业基础设施建设，利用大数据和云计算技术，为农村提供便捷的上网条件。我国政府以城乡统筹建设为载体，积极搭建产业平台，扶持电商资金项目。如政府可与阿里巴巴集团"智慧县城"项目合作，该项目包括基层县政府通过大数据建立郡县图志，实现政府数据化管理；还包括让县域享受"智慧民生"服务，将"互联网＋城市服务"下沉到县域。同时建立大规模农产品批发销售市场，将分散的农产品集中化，进一步完善我国农村冷链配送系统，有效解决我国农村"最后一公里"问题。

（四）加快培育农村电商创新型人才

返乡青年是农村未来的主力军，是创新创业的活跃群体。培育一批扎根本地的电商人才是当务之急。可以重点培育返乡大学毕业生、大学生村干部、农村青年致富带头人、返乡创业青年和部分个体经营户。政府要与高校建立人才对接机制，通过与高校达成就业协议，加强青年电商人才职业技能培训。统一建立农村电商服务中心，为"电商新农人"创造学习和实践的机会，进一步提升农村电子商务人才的薪酬待遇。不断改进电子商务人才的培养模式，根据农村电商特点和农村产业发展要求，通过本地培养、委托培养等多种方式培养人才，逐步形成县（市、区）、乡（镇）、村多层次培训网络，因地制宜培养更多符合农村电商市场实际需要的专业人才。如广东省化州市启动"金种子"农村电商人才培养工程，其计划利用3年左右时间，重点培养100名农村电商明星、1000名电商骨干人才、10000名电商人才。另外，广东省人力资源和社会保障厅也出台相关文件，推出实施"三支一扶"计划。

第六节　农产品 + 直播：农村电商新模式

一、常见的农产品电商销售模式

（一）店铺直播

农产品电商一般都是通过第三方电商平台开设店铺的，通过在店铺页面进行直播来对店铺中的产品进行介绍与推广。因为电商平台的流量比较大，可以进行的直播模式形式比较多，所以深受农产品电商的喜爱。尤其对于农产品来说，不管是土特产还是新鲜农产品，为了消除顾客的疑问与质疑，商家都进行直播来吸引顾客，不但可以消除顾客在购买产品中的疑问，还对自身企业品牌的塑造以及提高店铺产品销量等方面都有着至关重要的作用。

（二）自媒体平台进行直播

现阶段，电商的竞争力已经达到了空前的热度，中小型的农产品电商产业，想要从电商之中突出重围，是极其困难的。其中不少的商家在此时抓住机遇，另辟蹊径，利用短视频的自媒体平台对自家店铺的产品进行宣传，进行引流带货。

（三）电商、直播、短视频平台的深度融合

由于大多数农产品本身都存在季节性以及短效性，不易保存，所以在农产品的运输和保鲜方面的要求比较高，所以对于这类产品需要根据其自身的特点进行推销，这也形成了多家平台在各种形式上的深度融合。

二、农产品直播中的优势

（一）农产品信任增强

通过对直播的观看，可以让顾客对产品进行更加清晰的了解，了解产品的原料来源、加工方式等，能够使顾客对产品的信赖度提高。它让电商找到了新营销方式，直播的互动性和连接场景的能力，解决了传统电商平台商品展现形式单一和缺乏社交行

为的短板，也让直播平台依托巨大流量，找到变现新形态。作为商家，农产品的直播可以让商家随时随地地进行直播，以及对自家农产品进行介绍说明。在观看直播时，可以让消费者专注集中、增强其购买欲望，在直播中边看边买。

（二）销售形式更加丰富

随着人们生活水平不断提高，人们对购物的多样化要求也越来越高。在产品购买中，不再满足于简单地对产品进行介绍说明的形式。对于购买力度比较大的消费者，他们更需要的是丰富多样的且具有针对性的销售方式。而网络直播，可以通过创新的手法对农产品进行故事化的讲解与介绍，吸引观众的眼球，刺激消费者的购买欲望，从而达到产品销售的目的。

（三）市民与农民距离更近

过去大家都把视角聚焦在人口密集的大城市，而近年来越来越多的农民加入了网上社交，在各类农业直播里推销农产品、乡村游等产品，吸引了越来越多的"市民粉"，城市里的人希望吃到地道的农家味道，赏玩地道的田园风景，这让大家产生了共鸣。

（四）产品的竞争力增强

在电商行业不断发展中，由于直播形式的加入，让产品的竞争越发的强烈。这在一定程度上也使农产品电商对企业产品的要求越来越高，从侧面提高了产业的自身质量。在此过程中，农产品电商为了自身产品销售，也纷纷加入农产品直播的行列之中。通过直播的形式让消费者对企业产品进行深度的了解，并在直播视频中进行参与互动，吸引更多的消费者对企业农产品进行认识与了解，从而带动产品销量，以吸引更多的顾客。

（五）打造营销新场景

直播以即时性和互动性见长，但是因为时长等问题，会给用户造成负担；如果利用用户的碎片化时间在后期制作成短视频，进行二次传播，会收到很好的效果，所以两者相融是大势所趋。打通直播和短视频，就相当于双方联手打通了营销的"任督二脉"，直播带用户身临其境，短视频呈现产品美学，让产品价值得到充分体现。

（六）实现精准产销对接

直播作为一种网络社交形式，每一位点开直播间的人，都可以说是该产品的潜在用户。只有当你对直播内容感兴趣时才可能会点进去观看。喜欢吃苹果的不会去点开卖榴梿的直播，而不喜欢田园风光的也绝不会去关注或者点开农家乐的直播去观看。

（七）涌现了一批网红产品

直播是最容易引发跟风效应的营销模式。因为食品单价较低，属于容易让人产生冲动性消费的物品，在没有明确需求的前提下，观众易被外观和促销吸引以及线上消费者容易被网民的"哄抢"情绪所诱惑。正是由于这个原因，在网络上涌现出一大批网红脐橙、网红山药等网红农产品。

三、对于电商直播的建议

（一）产品至上

对于电商的农产品销售，若想让顾客有满意的体验仅做到优质的服务是远远不够的。在产品的运输以及保险方面都需要进行考虑，所售卖产品是否能够进行长途运输或是产品在运输过程中是否容易损坏，需要电商对于产品的运输范围以及包装等进行周密考虑。只有做到每方面都周密完美，才能让顾客感受到最佳的购物体验。

（二）需要有特色的主播

在当今信息化时代，消费者每天可能要面对的是不计其数的网络直播或是产品直播。要想在其中突出重围，就必须要主播具有一定的个人特色，这样才能够吸引更多人进行观看，带来更大的流量。就目前的主播进行分析，大部分都具有一定的人设，不管是学生、教师、农民、渔民，他们都有一个特定的人设，为直播带货进行服务。这些形象不管是能够给人好感还是博人同情或是让人亲近，都能够让观众有继续观看的欲望，从而带动产品的销售。

（三）需要做好品牌建设

直播不仅仅只是为了卖出农产品，同时更是建立农产品品牌的机会。但要把"网红"产品提升为"品牌＋直播"，需要在直播过程中一步步强化品牌，通过这种方式巩固买卖双方的信任，达到让消费者从认同某样农产品到认同某个品牌，才能最终实现长久的生命力。

总而言之，随着科技与信息化的不断发展，直播的方式为农产品电商的销售带来了新的模式。依靠直播平台，农产品打破了传播、交易和物流的壁垒。通过各种直播平台的运用，树立企业形象，带动产品的销售。农产品的直播具有销售形式更直观、更丰富以及更能够促进电商竞争力使其快速发展的优势；通过视频、直播的方式，加上专业的内容生产，能够帮助销售者完成从大众到精致的转变，也能够带来农产品获利空间的进一步提升。

第五章 农村电商运营的流程

第一节 农村电子商务网站设计

一、农村电子商务网站的系统分析

（一）电子商务网站设计的名词

网站目标。是电子商务网站发展的定位和远景描述，是指导网站设计的宏观依据。

网站定位。其就是确定网站到底要做什么，它的主题是什么，就如同写一篇文章首先要确定立意。网站定位的准确与否直接影响网站的质量。网站定位要解决的问题是确定网站的主题、网站的规模。

网站栏目。它是网站要体现的主要内容，其功能是将网站的主题明确地显示出来。

网站的目录。是指建立网站时创建的目录。目录结构的好坏，对浏览者来说并没有什么太大的感觉，但对于站点本身的维护、未来内容的扩充和移植有着重要的影响。

网站的链接结构。它是指页面之间相互链接的拓扑结构。它建立在目录结构的基础之上，但可以跨越目录。形象地说，每个页面都是一个固定点，链接则是两个固定点之间的连线。一个点可以和一个点链接，也可以和多个点链接接。更重要的是，这些点并不是分布在一个平面上，而是存在于一个立体的空间中。网站的链接结构一般有树状链接结构和星状链接结构两种形式。

局部导航。一般包括网站的次要栏目或二级以上目录内容所对应的页面。这些页面的链接会出现在一些相关联的页面上。用户只有在这些相关页面上通过局部导航链接进入这些页面。

全面导航。包括网站的主要栏目或一级目录内容所对应的页面，这些页面的链接出现在网站每页上。这样，用户在浏览网站的任何时刻和任何地点，都可以由全局导航链接直接抵达相应的页面上。使用网站导航图是目前一种比较流行的做法，通常用于大型网站，即把网站的主要栏目在一个网页中集中体现。

页面布局。也称页面构图设计，其主要任务是将 Web 页面合理分割成用于安排文字、图像等各种屏幕元素的区间。良好的页面布局设计应该做到结构清晰、趣味盎然，并且易于用户操作。

信息。它是通过数据形式来表示的，是加载在数据之上，对数据具体含义的解释。

数据文件。他是同类记录集合的、计算机内部的一种存储和管理形式。

配送。它本质是现代化送货和交货。包括三大部分：备货、配送和交货。配送是物流进入最终阶段的活动。配送作为一种现代物流方式，已经集经营、服务、社会集中库存、分拣、装卸、搬运于一身。

（二）电子商务网站的功能定位

电子商务网站所能提供的功能一般受限于技术因素，主要功能有如下几类。

1. 产品展示

一是分类和索引目录。目录、子目录在组织上很方便。例如，一个农产品供应商，会有成千上万种被分类的产品，像这样的企业，在建立电子商务网站时，对农产品分类展示是很重要的。二是产品的搜索引擎。网站可以利用数据库和信息检索技术为用户提供对产品及其他信息的查询功能。查询功能可以包括关键字查询、分类查询、组合查询等。通过搜索引擎的查询功能，用户可以方便、快捷地在网站上找到所需要的产品及服务方面的信息。三是自动推荐。自动推荐是一种可以按照客户购买商品的历史自动交叉销售的技术。这是一种合作过滤工具，通过使用这个系统，可以基本上实现让有相似兴趣的客户互相推荐购买的产品，他们买得越多，推荐的准确性越大。

2. 售后服务

一是自动回答和建议。利用人工智能中的机器学习、知识表示及自然语言翻译技术，回答用户提出的各种问题，包括一般性服务和销售查询问题，不管问题是如何表达的。它还能把回答不了的问题转交给客户服务部，让他们来回答。这种技术也被用在农业企业，用来决定客户的需求，然后主动推荐一种准备好的方案。二是网上培训。在网站发布培训信息，提供培训教材及资料，用户可以在网上申请培训，预订培训日期，甚至可以以农业远程教学的方式直接为用户提供网上培训。

3. 网上订购

网上订购包括网上采购及填写订购单等功能。这一功能是电子商务网站极其重要的功能，没有这一功能，电子商务网站是不完整的。

4. 网上结算

网上结算是指通过信用卡实现用户、商家与银行之间的结算。只有实现了网上结算，才是真正意义上的电子商务活动。

（三）电子商务网站主题与需求

1. 电子商务网站的主题确定

一是主题要与电子商务网站本身所从事的业务相关。主题要始终贯穿电子商务网站所从事的业务，否则就会喧宾夺主，失去建电子商务网站的意义。二是主题定位要专，内容要精。如果想制作一个包罗万象的站点，把所有认为精彩的东西都放在上面，往往会事与愿违，给人一种没有主题、没有特色的感觉。据调查，网络上的主题网站比"高大全"式的网站更受人们喜爱。三是主题要新颖。一个成功的网站是与它新颖的、与众不同的主题分不开的。网站定位中最主要的，也是最有价值的部分，就是它一定要有创新的主题，因为主题是网站的灵魂，如果没有新颖的主题，网站也就失去了生命力。

2. 电子商务网站的需求分析

需求分析阶段最好涉及企业所有的部门，以便在开始时就能得到每个人的需求和建议，这样网站的设计才能尽可地合理，符合实际需求。需要收集的需求信息涉及全部销售和市场周期的各个阶段和内容，包括：一是客户。谁是目标客户，他们需要什么？二是广告。如何让客户第一次进入网站？如何让他们再一次进入网站？三是销售。网站能提供什么产品？如何放置它们并展示给你的客户？四是销售服务。如何回答客户的问题和解决这些问题？五是市场促销。如何促进销售和服务来激励客户的购买？六是事务处理过程。如何处理订单和付费过程？七是执行方式。如何把订单交给执行中心？八是售后服务。如何在售后提供客户服务和回答订单状况？九是市场数据和分析。需要收集什么样的关于销售、客户和广告趋势的信息？如何利用这些信息做决定？十是品牌。在与客户联系的过程中，如何增强客户对公司的印象？要知道一个深刻而又十分浅显的道理：一切网站，包括电子商务网站都是为网民（客户）服务的，所以应充分了解这一群体的真正需要，再来为了满足这些需要而做网站。

（四）电子商务网站导航与链接

1. 电子商务网站的导航系统

不管网站的系统多么复杂，网站都必须让浏览者觉得它既直接又简单。事实上，许多浏览者都是以一种跳跃的方式来访问网站的内容的。为了使浏览者不在网站中迷失方向，最好的办法是为网站设计导航系统，最低限度应该保证每个网页中至少有一个指向主页的链接。导航的形式一般有全面导航和局部导航两种。

（1）导航策略。一是导航条，实际上是一组链接，它可以告诉浏览者目前所在的位置，使浏览者既快又容易地转向网站的主要网页。一般来说我们应该在网站的每个网页上都显示一导航条，导航条在帮助浏览者确定自己在网站中的位置有很大的作用。二是网站导航图。这是目前一种比较流行的做法，通常用于大型网站，即把网站的主要栏目在一个网页中集中体现。建立网站导航图的好处是：在一个大型和复杂的网站上提供快速导航、浏览都可以得到关于网站系统的内容和设计的概要，为网站的回头客提供参考点。但是网站导航图只能作为一种从属的导航方式，而不能作为主要的导航方式。这是因为它只能提供有限的内容，而且很难帮浏览者确定自己的位置。一般来说，可以把希望浏览者看到的网页放在导航图中，而无须把所有内容都在导航图中体现出来。

（2）导航技巧。一是抓住能传达主要信息的字眼作为超链接，这样可以有效控制超链接的字串长度，避免字串过长或过短，而不利于浏览者的阅读或点取。二是如果使用图形导航按钮或图像导航图，那么同时也应该采用文本链接，以保证让浏览者看得更明白。三是要为图形导航按钮提供替换文本，因为有的浏览者为了节省时间有可能会取消图形显示，这时替换文本就显得非常重要了。四是超文本的颜色应该与单纯叙述文本的颜色有所区别。五是不要在短小的网页中提供太多的超链接。适当、有效地使用超链接，是一个优良的导航系统不可或缺的条件之一，但过分滥用超链接，会损害网页文章的流畅性与可读性。六是暂时不提供超链接到尚未完成的网页。

2. 电子商务网站的链接结构

网站的链接结构是指页面之间相互链接的拓扑结构。它建立在目录结构的基础上，但可以跨越目录。形象地说，每个页面是一个固定点，链接则是两个固定点之间的连线。一个点可以和一个点链接。更重要的是，这些点并不是分布在一个平面上的，而是存在于一个立体的空间中。研究网站链接结构的目的在于用最少的链接，使得浏览更有效率。一般的，建立网站链接结构有两种基本方式。

（1）树状链接结构（一对一）。类似 DOS 的目录结构，首页链接指向一级页面，一级页面链接指向二级页面。立体结构看起来像蒲公英。这样的链接结构浏览时，一级级进入，一级级退出。树状链接的优点是条理清晰，让访问者明确知道自己在什么位置，不会迷路。缺点是浏览效率低，一个栏目下的子页面到另一个栏目下的子页面，必须绕经首页。

（2）星状链接结构（一对多）。这种结构之下每个页面相互之间都建立有链接。这种链接的优点是浏览方便，随时可以到达自己喜欢的页面。缺点是链接太多，容易使浏览者迷路，搞不清自己在什么位置，看了多少内容。

这两种基本结构都只是理想方式，在实际网站设计中，总是将这两种结构混合起来使用。希望浏览者既可以方便快捷地到达自己需要的页面，又可以清晰地知道自己在什么位置。所以，最好的方法是首页和一级页面之间有星状链接结构，一级和二级页面之间有树状链接结构。如果站点内容庞大，分类明细，需要超过三级页面，那么建议在页面里显示导航条，可以帮助浏览者明确自己所处的位置。

随着电子商务的推广，网站竞争越来越激烈，对链接结构设计的要求已经不仅仅局限于可以方便快速浏览，更加注重个性化和相关性。例如，一个农产品主题网站里，有一个绿色食品问题在页面上，你需要加入绿色食品的定义、绿色食品的认证程序、绿色食品的管理、绿色食品的生产技术等一系列链接及相关信息，网民可能找到需要解决问题的方法后就离开网站了。如何尽可能地留住访问者，是网站设计者未来必须考虑的问题。

二、农村电子商务网站的实现设计

（一）电子商务网站开发的原则

1. 内容为主原则

电子商务网站的内容是吸引顾客的重要因素。电子商务网站归根结底要通过内容来吸引客户。电子商务网站的内容和更新速度都是首先要考虑的因素。

2. 效率优先原则

电子商务网站的效率也必须受到重视。在众多电子商务网站中，客户往往会选择访问等待时间短的网站，这对电子商务网站的效率提出了要求。高效率的电子商务网站会使客户青睐有加。

3. 可扩展性原则

考虑电子商务网站的可扩展性。在开发电子商务网站时，必须考虑设想中网站规模的大小和将来发展过程中需要升级或改动时可能存在的问题，预测对于网站未来发展可能做出的改动所需付出的代价，尽可能以最小的代价升级网站。要明白一个道理，网站升级会沿袭历史，网站重做会切断历史。

4. 数据安全原则

考虑网站的可用性和可维护性。一个好的网站必须注意控制因故障或者技术维护而造成的下网时，保护重要的数据，使得可用性较好。特别是对于承担至关重要任务的电子商务网站，任何停机下网都可能会造成重大的经济损失。一个网站，想做到绝对不停机下网是不可能的，这时就要求网站有较好的可维护性，可以对故障进行尽的检测、排除和恢复。

（二）电子商务网站开发的流程

1. 域名申请

在选择、设计好网站域名以后，商家为自己的电子商务网站向域名注册机构申请全世界唯一的域名，从而在广阔的互联网世界上占有一席之地。网站域名就像人的身份证号码一样，既是终身的，也是世界上唯一的，一个网站可能会与另一个网站同名，但其域名是绝对不相同的。

2. 确定主机位置

注册域名以后，必须进一步根据自身情况确定主机的放置方式。通常主机的放置方式可以有虚拟主机、服务器托管、专线上网等几种方式，商家根据自身情况进行选择。

3. 硬件选择

如果需要商家自己购置硬件时，商家应该根据自身情况购买适合自己的网络设备和服务器主机。

4. 软件选择

与购买的硬件配套，商家也应该根据自身情况购买包含操作系统、服务器程序、安全软件以及开发软件等在内的软件产品。

5. 网站建设和推广

在硬件选择和软件选择之后，要进行网站本身建设，采用静态页面和动态页面相结合的方式，突出网站的内容特色。网站建立之后，必须采用多种有效的方式对网站进行宣传和推广。比如在著名的搜索引擎上发布或者在重要的门户网站建立友情链接等。

（三）电子商务网站的域名选择

1. 域名申请的重要性

一是从技术上来讲，域名只是一个互联网中用于解决地址对应问题的一种方法。它可以减轻人们的记忆负担，可以说只是一个技术名词。但是，由于互联网已经成为全世界的互联网，域名也自然成为一个社会科学名词。从社会科学的角度来看，域名已成为互联网文化的组成部分。从商界来看，域名已被誉为"企业的网上商标"。通过域名，商家可以在互联网世界中占有一席之地。二是域名为现代企业 Web 策划中重要的组成部分，和企业的名称一样举足轻重，不容忽视。好的域名与企业形象相互辉映。三是域名和商标一样，存在各自领域，一旦别人申请便不可再申请。现实世界中已经出现许多商家的著名商标被别人注册成域名的例子，给商家带来了很大损失。

2. 域名申请的基本流程

一是域名设计。即设计符合自己要求的域名，并且该域名未被别人注册。在许多在线域名注册网站上，都可以扫描当前的域名库，确定某个域名是否已被注册。二是在线注册或者通过代理机构注册域名。通常的过程都是通过填写一些表格确认域名申请单位的详细信息、域名申请的用途等信息，双方互相确认以后，域名申请者交纳一定的费用即可完成域名申请。国内域名只能由单位注册，而国际域名没有这个限制。

3. 域名设计的各种方法

当前国内的域名虽然令人眼花缭乱，但其设计思路大致可以分为商标型、模仿型、数字型、地域型、拼音型及混合型。一是商标型。其就是利用已有的商标名、机构名或者简称来形成自己的域名。特别是一些知名的企业和机构常常采用该方法形成自己的域名，如中央电视台 cctv.com、联想电脑公司等。二是模仿型。其是接线员借鉴国外著名的网站的域名，对之做了细微更改来形成自己的域名。三是数字型。数字性域名也是国内域名设计的一种重要思路，如著名的 8848.com、3721.com、163.com 等。四是地域型。地域型是指以国家、地区的名称作为域名，如著名的中华网 china.com 的域名给其网站带来了很高知名度。五是拼音型。汉语拼音是中国语言文字的重要财富，在设计域名时，它也成为重要的工具之一，如人人网站 renren.com。六是混合型。其是指各种方法兼而有之，字母和拼音、字母和数字等可以混合使用，如无忧职业网站 51job.com。

4. 域名设计的基本原则

一是简洁明了。一个冗长复杂的域名，会加重用户的记忆负担，从而降低对用户的吸引力。而一个简洁明了的域名，用户只访问一次可能就留下了深刻的印象。比如著名的网易公司为了抓住用户，就将自己的最初域名改为现在的 163.com，取得了较好的效果。二是对用户有吸引力。在浩瀚的域名海洋里，用户对某个域名的访问概率微乎其微。如何让用户对网站感兴趣，域名起着极重要的作用。三是域名要有内涵和商业价值。一个新颖的域名可能会引起用户的初始兴趣，而真正最终抓住用户的域名要有自己的内涵，特别是商务网站，一定要与网站的商业活动真正联系起来。

（四）电子商务网站的实施方案

1. 电子商务网站的主机放置

一是虚拟主机方式。如果企业不想设自己的主机，便可以采用很多网络公司提供的"虚拟"的方式。采用这种方式建立主机，主机的位置是在网络服务提供商处。显然，这种方式不仅节省了购买相关软硬件资源的费用，而且无须招聘或培训更多的专业人员，因而开发成本较低，比较适合中小型企业快速开展网上业务。二是服务器托管方式。企业自行购买、配置、安装 Web 服务器后，托管在某个网络机构，自己远程维护，每年向该网络服务商支付一定数额的费用。用这种方式建立和放置主机，省略了企业自己申请专线的过程。但是自己配置主机服务软硬件，招聘和培训技术人员所花去的费用不菲。三是专线上网。企业自行购买、配置、安装 Web 服务器以后，通过自己申请相应速率的 DDN 线路将服务器连接到互联网上。通过这条专线，企业的服务器就可以被互联网用户访问了。这种方式下，用户在租用 DDN 专线后，可以把自行配置的服务器放置在任何易于维护和管理的位置上。

从价格角度来看，这三种方式的成本投入是依次增加的。虚拟主机方式由于不需自己购买软硬件设备和招聘培训人员，在价格上最为经济，每月只需支付几百元的租用费，采取远程登录方式就可以实现对站点的维护和更改，自己的网站就可以被访问，而且速度与浏览互联网中的其他网站没有太大的区别。而在后两种方式下，企业都必须购买自己的设备，而且需要专业人员维护，因此建设成本大大高于虚拟主机的方式。除此之外，服务器托管的托管支付费用价格介于虚拟主机和专线入网之间，一般月租几千元，而专线入网的费用每个月要上万元。从易维护和管理角度来看，专线上网方式中由于主机位置放在易维护的位置，因此其易维护性也最好。在服务器托管和虚拟主机方式中，主机维护必须通过远程登录来实现，易维护性相对较差。

2.电子商务方案的实施方式

实施一个电子商务方案，必须考虑一些基本问题，最主要的就是实施方案时要将网站的长远目标和付出的代价相结合考虑，从而确定在以下的几种电子商务实施方案中进行选择：一是买一个现成的方案。在购买现成的方案时，要选择与自己要求相吻合的方案，购买可以使商家快速地、低价地进入市场的方案。但是，这种方案不适于长远目标。二是在一个基于网络的电子商务方案中租用空间。这种方案可以避免安装和配置的复杂性。但是，难以保证商家需要的视觉效果和特殊要求。三是用不同的组件和部分构建自己的系统。这种方案需要经验、时间和相当大的预算，可以获得具有特色的竞争力。

三、农村电子商务网站的安全管理

下面介绍一些网站安全的基本名词。

访问控制。访问控制是通过一组机制来控制不同级别的主体对受保护的网络资源客体的不同级别的授权访问。

SSL。其是 Secure socket layer 的简写，是 Netscape 公司为 TCP ／ IP 套接字开发的一种加密技术，它是基于通道的加密方法，用于提高应用层协议等的安全性，增强通信应用程序间的保密性和可靠性。

S － HTTP。其是 Secure http 的简写，是 VERIFONE 公司应 commercenet 要求开发的一种问答式交易协议。它是 HTTP 协议的扩展。S － HTTP 是使用 HTTP 的 M I M E 的网络数据包进行签名、验证和加密。

SET。其是 Secure electronic transaction 的简写，是由 VI-SA 和 Master Card 两大信用卡公司于 1996 年 2 月联合推出的规范。SET 主要是为了解决用户、商家和银行之间通过信用卡支付的交易而设计的，以保证支付信息的机密、支付过程的完整、商户及持卡人的合法身份，以及可操作性。

VPN。其是 Virtual private network 的缩写，中文译为虚拟专用网。VPN 是利用公共网络基础设施，通过"隧道"技术等手段达到类似私有专网数据安全传输的一种技术。

入侵的审计追踪。审计追踪是通过自动记录一些重要的安全事件来达到检测入侵的重要措施。

入侵检测技术。入侵检测是通过从计算机网络或计算机系统中的若干关键收集点收集信息并对其进行分析，以发现网络或系统中是否有违反安全策略的行为和遭到袭击的迹象。

攻击签名。它是指侵检测中所用的一种用特定方式表示已知攻击方式的方法。

入侵陷阱技术。其是通过设置诱饵，将入侵者引入圈套，从而捕获入侵者的技术。

基于网络的 IDS。它是指使用原始的网络分组数据包作为进行攻击分析的数据源的 IDS。

基于主机的 IDS。它是指通过监视系统的日志文件以及其他相关安全文件来发现入侵行为的 IDS。

"诱饵"服务器。它是指在入侵陷阱技术中，用于模仿数据服务器来诱使入侵者上当的服务器。

网络病毒。它是指可以自动通过网络传播的计算机病毒。

电子现金。电子现金又称为数字现金，是一种能被客户和商家接受的，通过互联网购买商品或服务时使用的一种交易媒介。

系统安全。系统安全是指网络系统安全的备份和灾难的恢复。它的目的在于最大限度地降低网络系统的风险，保护网络的重要资源，在系统发生灾难后，能够提供一种简捷、有效的手段来恢复整个网络。

（一）网上交易安全的设置

利用电子商务进行商品交易，人们越来越倾向于网络支付，这是因为网络支付具有方便、快速的优点。但是受经济利益的驱动，在电子商务数据的网络传输过程中信息经常遭到不法之徒的拦截、窃取、篡改、冒用甚至恶意破坏，给电子商务活动带来重大损失。可以说，网络支付的安全性是影响电子商务使用的主要障碍。

电子商务网站网络支付的安全性包括三个方面。

（1）对于交易双方身份的认证，基于可信的第三方ＣＡ、数据签名和认证协议等技术。因此，电子商务网站中负责交易的服务器必须支持数字证书的管理、查询、申请等功能。

（2）保障交易信息的保密性和完整性；电子商务网站中负责交易的服务器必须支持电子商务安全加密和信息完整性协议。

（3）保证交易双方对交易的不可否认性，电子商务网站中负责交易的服务器必须支持双向的身份认证，通常是利用ＣＡ的数字证书和数字签名技术实现交易的不可否认性。

第一项主要是保证交易在真正的交易者之间进行，防止假冒和欺骗；第二项保证交易双方正常的交易，防止交易信息的泄露和修改；第三项防止交易双方事后抵赖。

（二）网站安全技术的应用

1. 访问控制

（1）访问控制的基本原理

访问控制是通过一组机制来控制不同级别的主体对受保护的网络资源客体的不同级别的授权访问。具体的，主体可能包括网络用户、用户组、终端、主机或应用程序等对网络资源进行访问的实体。网络资源客体可能包括主机、设备、程序、数据、目录等受访问的实体。访问控制就是要在这些主体和客体之间建立可否访问、可以如何访问的关系，将绝大多数攻击阻止在到达攻击目标之前。

（2）访问控制的基本功能

一是防止非法主体进入受保护的网络资源。二是允许合法用户进入受保护的网络资源。三是防止合法用户对受保护的网终资源的非授权访问。总之，访问控制的中心内容就是实现对主体身份的认证和识别以及客体对主体的授权访问两个环节。

（3）访问控制的基本实现策略

一是入网访问控制。入网访问控制为网络访问提供了第一层的访问控制。它控制哪些用户能够登录到网络并获取网络资源，控制准许用户入网的时间和准许他们在哪台计算机入网。通常入网访问控制是通过用户名和用户密码来控制用户的第一层访问。二是网络的权限控制：网络的权限控制是针对网络非法操作所提出的一种安全保护措施。用户和用户组被赋予一定的权限。网络控制用户和用户组可以访问哪些目录、子目录、文件和其他资源，可以指定用户对这些文件、目录、设备能够执行哪些操作。三是目录级安全控制：网络允许控制用户对目录、文件、设备的访问。用户在目录一级指定的权限对所有文件和子目录有效，用户还可进一步指定对目录下的子目录和文件的权限。四是属性安全控制。当用文件、目录和网络设备时，网络系统管理员应给文件、目录等指定访问属性。属性完全控制可以将给定的属性与网络服务器的文件、目录和网络设备联系起来。属性安全在权限安全的基础上提供进一步的安全性。

2. 防火墙应用

（1）防火墙的设计原则。一是防火墙的角色从根本上阐述了机构对安全的看法。互联网防火墙可能会扮演两种截然相反的角色。一是拒绝没有特别允许的任何访问。这种角色假定防火墙应该阻塞所有的信息，而每一种所期望的服务或应用都是实现在特定应用的基础上。这个方案建立的是一个非常安全的环境，因为只有审慎选择的服务才被支持。当然这种方案也有缺点，就是不易使用，因为限制了提供给用户们的选择范围。二是允许没有特别拒绝的任何访问。这种角色假定防火墙应该转发所有的信息，任何可能存在危害的服务都应在特定应用的基础上关掉。这种方案建立的是一个非常灵活的环境，能提供给用户更多服务。缺点是，由于将易使用这个特点放在了安全性的前面，网络管理程序处于不断地响应当中，因此，随着网络规模的增大，很难保证网络的安全。二是互联网防火墙并不是独立的，它是机构总体安全策略的一部分。机构总体安全策略定义了安全防御的方方面面。为确保成功，机构必须知道所保护的是什么。安全策略必须建立在精心进行的安全分析、风险评估以及商业需求分析基础之上。如果机构没有详尽的安全策略，无论如何精心设计的防火墙都会被绕过去，从而使整个内部网络都暴露在攻击者面前。三是考虑防火墙的经济费用。简单的包过滤防火墙的费用最低，因为机构至少需要一个路由器才能连入互联网，并且包过滤功能包括在标准的路由器配置中。商业的防火墙系统提供了附加的安全功能，但费用相对就要高一些，具体价格要看系统的复杂性和要保护的系统的数量。如果一个机构有自己的专业人员，也可以开发、构建自己的防火墙系统，但是仍旧有开发时间和部署防火墙系统等的费用问题。还有，防火墙系统需要管理、一般性的维护、软件升级、安全上的补漏、事故处理等，这些都要产生费用。四是选择特定的组件或构件来完成防火墙系统。在确定了防火墙角色、安全策略、预算问题之后，就能够确定防火墙系统的特定组件。典型的防火墙由一个或多个构件组成。

（2）防火墙产品的选择原则。一是防火墙的管理难易度是防火墙能否达到目的的主要考虑因素之一。若防火墙管理过于困难，则可能会造成设定上的错误，反而不能达到其功能。一般企业之所以很少用已有的网络设备直接当作防火墙的原因，除了先前提到的包过滤并不能达到完全的控制之外，设定工作困难、要具备完整的知识以及不易除错等管理问题更是一般企业不愿意使用的主要原因。二是防火墙也是网络上的主机之一，也可能存在安全问题。防火墙如果不能确保自身安全，则防火墙的控制功能再强，终究不能完全保护内部网络。如果防火墙控制机制失效，则一个黑客可能取得防火墙上的控制权，然后几乎可以为所欲为地修改防火墙上的存取规则，进而侵入更多的系统。三是防火墙具有不同级别的安全等级规范。最著名的就是美国国家安全局的国家电脑安全中心颁布的官方标准——橘皮书，其正式名称是"受信任电脑系统评价标准"，它将一个电脑系统可接受的信任程度予以分级，依安全性由高到低划分为A、B、C、D四个等级，这些安全等级不是线性的，而是以指数级上升的。选择防火墙时要注意其安全等级规范指标。四是好的防火墙必须能弥补操作系统的不足。一个好的防火墙必须是建立在操作系统的底层而不是操作系统的上层，所以操作系统的漏洞可能并不会影响一个好的防火墙系统所提供的安全性。相反，一个好的防火墙系统可以弥补操作系统的不足。五是一个好的防火墙不但本身要有良好的执行效率，还应该提供多平台的执行方式供使用者选择。由于防火墙并非完全由硬件构成，所以软件所提供的功能以及执行效率一定会影响整体的表现，而使用者的操作意愿及熟悉程度也是必须考虑的重点。毕竟使用者才是完全的控制者，应该选择一套符合现有环境需求的软件，而非为了软件的限制而改变现在的环境。六是一个好的防火墙就必须有一个完善的售后服务作为使用者的安全后盾。由于有新的产品出现，就有人会研究新的破解方法，所以一个好的防火墙提供者就必须有一个庞大的组织作为使用者的安全后盾，也应该有众多的使用者所建立的口碑为防火墙做见证。七是企业安全政策中的一些特殊需求也要作为选择防火墙的一个标准。企业安全政策中往往有些特殊需求不是每一个防火墙都会提供的，因此这方面常会成为选择防火墙的考虑因素之一。

3.VPN 应用

（1）VPN 的工作原理。VPN 是利用公共网络基础设施，通过"隧道"技术等手段达到类似私有专网数据安全传输的一种技术。VPN 可以建立在 IP、DDN、X.25、PSTN 和 ATM 等网络上，其中，基于 IPSEC 的 VPN 是目前研究和开发中的重点。不论是基于 IP 还是基于其他网络的 VPN，其基本原理都是相似的。以下通过 IPSECVPN 来叙述 VPN 的基本工作原理。

在 IPSECVPN 中，报文传输流程如下：当发送端的明文进入 IP － VPN 设备，首先由访问控制模块决定是否允许其进入公网，若允许进入，应根据设定的安全规则，确定是直接明文进入，还是应该加密进入安全隧道。对于需要加密传递的报文，一般需要进行加密和摘要、签名等认证处理，保证报文的完整性和可鉴别性。然后按进入公用 IP 网的要求，重新对报文进行 IP 封装。最后，经 IP 封装以后的报文通过公网上传至目的端。因为这些报文经过加密、认证和再封装，所以数据就像通过一个加密"隧道"而直接送入接收方，其他用户不知道，也不能篡改或伪造仿冒所传递的内容。接收方通过相反的过程对报文进行解密。

从上面的工作原理可知，构建 IPSECVPN 最关键的就是"隧道"技术和安全协议。

（2）VPN 的优点以及发展前展。VPN 综合了传统数据网络的性能优点和共享数据网络结构的优点（简单和低成本），能够提供远程访问，外部网和内部网的连接，价格比专线或者帧中继网络要低得多。而且，VPN 在降低成本的同时满足了对安全性、网络带宽、接入和服务不断增加的需求，因此，可以预测 VPN 必将成为未来企业传输业务的主要工具。

4.Web 应用

（1）Web 的主要安全威胁。一是 Web 服务器的重要信息被泄露。二是 Web 服务器受到有意无意地破坏，严重的会造成信息的丢失甚至服务器的崩溃。三是浏览器端计算机资源被破坏。四是浏览器和 Web 服务器之间的重要会话信息被窃听和伪造。

（2）造成 Web 安全威胁的安全漏洞。一是许多操作系统在设计和实现时具有不少的安全隐患，给入侵者以可乘之机。入侵者利用系统的漏洞可以获得重要数据和信息，甚至可以更改这些重要数据，更严重者可以导致系统瘫痪。二是 Web 服务器的设计和实现时也具有不少的安全隐患。入侵者同样可以通过这些漏洞来非法获取系统的重要信息，或者篡改、破坏 Web 服务器。三是服务器脚本的非法执行也会造成服务器的崩溃和信息泄露。服务器端脚本在编写时就可能存在严重的安全隐患。四是客户端脚本的安全漏洞甚至会造成客户端的安全威胁。

（3）Web 安全的管理办法。一是针对可能的 Web 安全漏洞，做好 Web 安全预防措施，尽量不给入侵者入侵的机会。这需要不断地培养安全意识、学习安全知识、追踪最新的安全报告。二是做好 Web 安全的管理、日志记录工作，便于堵住 Web 安全漏洞并对入侵者进行追踪。通过安全日志，可以发现安全隐患，堵住安全漏洞，并可以对入侵者进行追踪。

5.入侵检测

（1）入侵检测的不同分析技术。入侵检测技术通过对入侵行为的过程与特征进行研究，使安全系统对入侵事件和入侵过程能做出实时响应，从分析方式上分为两种：一是异常发现技术。其可以建立系统正常行为的轨迹，把所有与正常轨迹不同的系统状态视为可疑企图。对于异常网络与特征的选择是异常发现技术的关键。比如，通过流量统计分析将异常时间的异常网络流量视为可疑。异常发现技术的局限是并非所有的入侵都表现为异常，而且系统的轨迹难以计算和更新。异常发现技术可以发现未知的攻击。二是模式发现技术。其可以将所有入侵手段表达为一种模式和特征，通过匹配的方法发现入侵。模式发现的关键是如何表达入侵的模式，把真正的入侵与正常行为区分开来。模式发现的优点是误服少，局限是它只能发现已知的攻击，对未知的攻击无能为力。目前，国际顶尖的入侵检测系统 IDS 主要以模式发现技术为主，并结合异常发现技术。

（2）入侵检测的不同实现手段。IDS 一般从实现方式上分为两种：基于主机的 IDS 和基于网络的 IDS。一个完备的入侵检测系统 IDS 一定是基于主机和基于网络两种方式兼备的分布式系统。一是基于网络的 IDS。使用原始的网络分组数据包作为进行攻击分析的数据源，一般利用一个网络适配器来实现监视和分析所有通过网络进行传输的通信。一旦检测到攻击，IDS 应答模块通过通知、报警以及中断连接等方式来对攻击做出反应。二是基于主机的 IDS。其一般监视 Windows NT 上的系统、事件、安全日志以及 UNIX 环境中的 syslog 文件。一旦发现这些文件发生任何变化，IDS 将比对新的日志记录与攻击签名以发现它们是否匹配。如果匹配的话，检测系统就向管理员发出入侵报警并采取相应的行动。

6.计算机病毒

（1）计算机病毒的基本特征。计算机病毒本质上是一段程序，判断一段程序是不是计算机病毒必须抓住计算机病毒的几个基本特征：一是传染性。这是病毒的基本特征，是判别一个程序是否为计算机病毒的重要条件。二是隐蔽性。病毒通常附在正常程序中或磁盘较隐蔽的地方，也有个别的以隐含文件形式出现，目的是不让用户发现它的存在。一般在没有防护措施的情况下，计算机病毒程序取得系统控制权后，可以在很短时间里传染大量程序。而且受到传染后，计算机系统通常仍能正常运行，使用户不会感到任何异常。三是潜伏性。大部分病毒感染系统之后一般不会马上发作，它可长期隐藏在系统中，只有满足其特定条件时才启动其表现模块，这样它才可进行广泛的传播。四是破坏性。任何病毒只要侵入系统，都会对系统及应用程序产生程度不同的影响。轻者会降低计算机工作效率，占用系统资源，重者可导致系统崩溃。

（2）网络病毒的新特点。网络病毒不仅具有单机病毒的一切特征，而且具有新特点：一是破坏性强。网络病毒可能导致网络服务器无法启动，从而导致整个网络瘫痪，造成不可估量的损失。二是传播性强。网络病毒普遍具有较强的传播机制，一接触就可通过网络扩散与传染。有关资料介绍，在网络上病毒传播的速度是单机的几十倍。三是潜伏性和可激发性更强。网络病毒与单机病毒一样，具有潜伏性和可激发性。在一定的环境下受到外界因素刺激，便能活跃起来，这就是病毒的激活。激活的本质是一种条件控制，此条件是多样化的，可以是内部时钟、系统日期和用户名称，也可以是在网络中进行的一次通信。一个病毒程序可以按照病毒设计者的预定要求，在某个服务器或客户机上激活，并向各个网络用户发起攻击。四是针对性强。网络病毒并非一定对网络上所有的计算机都进行感染，有的病毒专门感染使用 UNIX 操作系统的计算机。五是扩散面广。由于网络病毒通过网络进行传播，所以其扩散面很大，一台 PC 机的病毒可以通过网络感染与之相连的众多机器。由于网络病毒造成网络瘫痪的损失是难以估计的，一旦网络服务器被感染，其解毒所需的时间将是单机的几十倍以上。

（三）网站系统安全重要性

1.IDS 技术的发展趋势

基于网络和基于主机的 IDS 都各有自己的优势，两者相互补充。这两种方式都能发现对方无法检测到的一些入侵行为。

基于网络的 IDS 通过检测所有包的头部来进行检测，而基于主机的 IDS 并不查看包首标。许多基于 IP 拒绝服务攻击和碎片攻击，只能通过查看它们通过网络传输时的包首标才能识别。基于网络的 IDS 可以研究负载的内容，查找特定攻击中使用的命令或语法，这类攻击可以被实时检查包过滤的 IDS 迅速识别。而基于主机的系统无法看到负载，因此也无法识别嵌入式的负载攻击。

联合使用基于主机和基于网络的这两种方式能够达到更好的检测效果。比如基于主机的 IDS 使用系统日志作为检测依据，因此它们在确定攻击是否取得成功时与基于网络的检测系统相比具有更大的准确性。在这方面，基于主机的 IDS 对基于网络的 IDS 是一个很好的补充，人们完全可以使用基于网络的 IDS 提供早期的报警，而使用基于主机的 IDS 来验证攻击是否取得成功。

在下一代入侵检测系统中，将把现有的基于网络和基于主机这两种检测技术很好地集成起来，提供集成化的攻击签名、检测、报告和事件关联功能。相信未来的集成化入侵检测产品不仅功能上更加强大，而且部署和使用上也更加灵活方便。

2. 网络环境下的病毒防范

在实际应用中，防范网络病毒应从两方面着手。第一，加强网络管理人员的网络安全意识，有效控制和管理本地网和外地网进行的数据交换，同时坚决抵制盗版软件的使用。第二，选择和加载保护计算机网络安全的网络防病毒产品。随着网络技术的不断发展，网络防病毒技术将成为计算机防病毒技术的重要方面，也是计算机应用领域中需要认真对待的问题，这将成为网络管理人员及用户的长期任务，只有做好了这项工作，才能保证计算机网络长期、安全、稳定地运行。

要有效地在整个网络环境下防病毒应该遵循以下几个原则。一是防重于治。如果网络感染病毒后，再去杀毒，只能起到亡羊补牢的作用。病毒即使不破坏数据和文件，也减慢网络的运行，浪费时间和资源，这种防范方法必须改变，网络的时代应以防为主，以治为辅。杀毒只是一种被动的方式，防毒才是对付计算机病毒积极而又有效的措施，远比等待计算机病毒出现之后再去扫描和清除更能有效地保护计算机。二是防毒不能停。有了防毒的产品网络就安全了吗？不，防病毒是一个"道高一尺，魔高一丈"的动态实时的斗争过程。杀毒软件必须进行不断的升级，不能及时升级的杀毒软件，面对有目的的病毒攻击很可能为用户带来意想不到的麻烦。网络杀毒软件在防杀病毒的同时，在网络上更扮演有无上权限的超级用户的角色，所以它要是得不到必要的维护和升级，便可能引起副作用。三是与网络管理集成，形成多层防御体系。网络防病毒最大的优势在于网络的管理功能，如果没有把管理功能加上，很难完成网络防毒的任务。管理与防范相结合，才能保证系统的良好运行。建立新的防毒手段应将病毒检测、多层数据保护和集中式管理功能集成起来，形成多层防御体系。四是网络防毒防治是整个安全体系的一部分。计算机网络安全威胁主要来自计算机病毒、黑客攻击和拒绝服务攻击方面，因而计算机的安全体系也应从防病毒、防黑客、灾难性恢复等几个方面综合考虑，形成一整套的安全机制，这才是最有效的网络安全手段。

3. 系统安全技术的重要性

电子商务网站的运行不会是一帆风顺的，各种各样的原因（软硬件故障、人为失误、外界攻击等），可能会导致网站发生系统崩溃、数据丢失等灾难性的事件，给电子商务网站的运营造成极大的不便。此时，如何尽快恢复数据，恢复系统的运行是电子商务面临的首要问题。系统安全便是解决此类问题的关键技术。

系统安全是指网络系统安全的备份和灾难的恢复。它的目的在于最大限度地降低网络系统的风险，保护网络的重要资源，在系统发生灾难后，能够提供一种简捷、有效的手段来恢复整个网络。

网络系统安全备份是指对整个网络系统的重要数据和系统信息进行备份。它不仅在网络系统软硬件故障或者人为失误的时候起到保护作用，也在入侵者对网络攻击及破坏数据完整性时起到保护作用，同时亦是系统灾难恢复的前提之一。灾难恢复措施能够保证系统在经历灾难后迅速恢复。

4. 网站建设中安全的重要性

电子商务是互联网爆炸式发展的直接产物，是网络应用技术应用的全新发展方向。互联网本身所具有的开放性、全球性、低成本、高效率的特点，也成为电子商务的内在特征；但同时，互联网本身具有的开放性也不可避免地带来了安全性问题。电子商务网站的安全与否，是决定其成败的关键因素之一。

处于互联网之中的每个网站，将会受到来自外部或者内部的各种安全威胁。例如，合法或非法用户对网站的非授权访问，可能造成网站重要信息有意或无意的泄露；用户还可能会非法删除或者修改网站的重要信息；非法入侵可能会干扰系统的正常运行，甚至使系统发生崩溃；入侵者还可以通过网站散布病毒，造成更大规模的破坏。因此，建设电子商务网站必须重视网站本身的安全性。

在进行网络交易时，客户和商家的重要信息可能会被泄露或者更改伪造。非法分子可以利用这些信息进行违法犯罪活动，给客户和商家造成重大的损失。所以，在建设电子商务网站时，必须重视网络交易的安全性。

四、农村电子商务网站的日常运行

（一）电子商务网站运营的名词

1. 标志广告

在其他网站建立链接大多采用非常醒目、独特的图标方式，通常将这种方法称为标志广告，这些标志广告的图标设计和制作应当非常精致，色彩要鲜明，并有经过高度浓缩的广告语句，使目标网站的特点一目了然，从而具有强烈的视觉吸引力，诱使浏览者把鼠标放上去点击。

2. 广告自由交换

其实际上是一种相互无偿提供广告服务的方式，可以由此来实现不同网站间访问者资源的共享。这也是一种提高网站知名度的有效方式。

3. 网站的硬件升级

其是指对网站所采用的硬件设备升级换代。其中主要包括对网站所有的各种服务器的处理能力和存储容量进行升级和扩容。另外，对内部网络的升级也是网站硬件升级的一项重要内容。

4.网站的软件升级

其包括网站的系统软件和支撑软件的升级、网站结构的调整和升级、网站应用软件的升级等几个方面。

5.网站的用户界面升级

其主要是针对网站用户界面进行改造。这种升级针对用户界面中出现的各种问题加以调整和解决，使用户界面使用起来更方便、更友好。

6.网站的全面升级

其主要是指对网站的整体进行升级，它不仅包括后台升级，也包括用户界面的升级，将对网站的整体形象、风格和处理能力做出较大调整，大幅度提高了网站的性能。

（二）电子商务网站与搜索引擎

1.电子商务网站关键字选择

在把农业网站登录到搜索引擎之前，挑选恰当的关键字对提高站点在关键字搜索中的命中率起着非常关键的作用。在选择关键字时应本着如下几个角度：一是从检索者的角度出发来设想他究竟会采用什么样的关键字来进行搜索。二是关键字必须是与农业网站主题和内容密切相关的，通常是农业或某领域中通用的词汇。三是对人们的一些习惯性用语应当考虑，不仅要考虑专业性、准确性，而且要兼顾通用性。四是对于表达相同或相近意思的同义词或近义词也应考虑，数量越多越全越好，总之，要尽量逼近检索者的选择范围；五是要同时准备中文和英文两套关键字。在选择关键字时也可以采用如下的方法：首先，可以借鉴农业类其他网站的选择，看它们使用的关键字，这样会对思考有一定的启发。其次，归纳形成自己的关键字表。另一方法是设法了解人们最常用的关键字，从中来加以选择。在互联网上可以找到这样的资源。结合这两种方法，再加上自己的认真考虑，就能得出一个比较完备的关键字集了。

2.搜索引擎的一般方式

搜索引擎一般有两种方式：一类被称为目录式服务，著名的雅虎就是采用这样的运作方式的。它的后台是一个关于各种网站分类的大型数据库，在新网站中加入数据库之前，先要通过人工审查，然后再通过管理界面手工加入库中。另一类搜索引擎的后台除了数据库，还要有所谓的"蜘蛛"系统，即能够从互联网上自动收集网页的数据搜集系统。蜘蛛将搜集所得的网页的标题、描述和关键字等内容交给索引和检索系统处理，最终形成搜索引擎的检索结果。

3.提高网站在搜索引擎中排名的技巧

一是选好关键字。这是最重要的一点。二是将定义关键字的 META 标记项放在定义描述的 META 标记项之前。三是将最常用的关键字放在最前面，并让相关的关键字相邻；英文关键字的全小写与首字母大写并存，因为有的搜索引擎对字符的大小写敏感。四是首页尽量避免使用 FRAME 结构，因为对 FRAME 结构，有些搜索引擎不能智能地选择正确的页面进行标引。总之，要改善农业网站的排名，最根本的还是要自身多做文章，把农业网站办出特色，势必能在任何一种搜索引擎中脱颖而出。

（三）电子商务网站的宣传推广

建设好一个电子商务网站之后，必须大力进行网站的宣传和推广工作，尽可能地提高网站的知名度。这对于电子商务网站而言是极其重要的。人们常说互联网经济是注意力经济、"眼球经济"，谁的网站吸引更多的注意力、更多的眼球，谁就在新经济中占据了有利地位。要想在互联网上开展电子商务，最重要的是能够吸引大量的用户参与，如同在网上开设一个商场，假如来访者寥寥无几，就如同商场没有顾客临门，那就无法进行所谓的电子商务活动。从某种意义上来讲，电子商务网站的知名度是否高、人气是否旺，将在很大程度上决定它的兴衰存亡。

1. 门户网站链接

很多网民都习惯首先访问自己喜欢的门户站点，这类门户站点的访问量一般很大，在这些门户网站上建立自己的链接，通常可以吸引到较多的访问者。因此，这也是一种扩大网站影响和进行自身宣传的方式。一是它的访问量很大，是比较受欢迎的站点，当然，在这样的网站建立链接的代价也是比较高昂的。二是在该网站的访问人群中，属于网站服务对象的比例较高。这一点需要重视，否则大多数人对链接视而不见，毫无兴趣，那么花费巨资在这样的网站上建立链接就没有多少实际意义了。一般来讲，在较受欢迎的搜索引擎网站上建立链接的效果比较好。最好选择在首页，因为这一页的访问者最多。不过，在农业网站所属主题的页面建立链接则更经济实用，因为访问这些页面的人通常也正是网站想要吸引的对象，链接被点击的概率要比首页大得多。

2. 网站标志广告设计

这种标志广告图标设计的成功与否往往决定了农业网站的点击率，必须认真和精心地加以准备。要设计一个好的标志广告，通常就要注意以下几点。一是要使用具有震撼力的词汇，广告词简洁、明了、直截了当。二是广告图标的色彩、动画等的设计要与文字相协调。三是图像文件的大小要控制，通常要把文件的大小控制在几千字节的范围内，在能实现所要求的表现力的前提下越小越好。

3. 举办各种相关竞赛

要在互联网的茫茫海洋中"出人头地"是相当困难的，开展抽奖、竞猜等市场运作活动也是一种非常重要的推广手段。无论是直播在线竞赛还是通过传统媒体进行，都必须注意如下的一些事项。一是明确目标。首先是明确市场运作的目标，即通过这些市场运作所要达到的目的，是提高网站的访问量还是征集对某种产品甚至网站本身的反馈意见；同时也要明确市场运作的目标参与群体，做到有的放矢。二是所设立的奖品要与所确定的目标参与群体的喜好相一致。三是确定活动的规则和实施办法。活动家的组织工作一定要做好，要事先制定明确的规则和细致周密的实施办法。四是利用活动开展自己网站的宣传推广。要抓住一切可能的环节和机会向参与者并通过参与者向社会公众宣传自己，突出自己的形象。另外，通过在农业网站上设立有奖竞赛等方式，收集到参与者的诸如年龄、行业、需求偏好、光顾本网站的频度等信息，对它们进行分析处理就可以得到访问者的统计资料，这些将是一笔非常宝贵的财富，可以供调整网站设计和内容更新时使用。

4. 加入广告自由交换网

现在出现了一种被称为"广告自由交换网"的广告交流形式，这是一种相互无偿提供广告服务的一种方式，对迅速提高网站知名度效果很好，而且成本极低，同时有利于农业网站访问者资源共享。

5. 加入相关的新闻组或是电子公告板

BBS 是一种很有效的方式。新闻组和电子公告板都是网民在网上进行信息、知识、情感等交流的场所，而且都有非常明确的兴趣群体的划分，在这样的场合利用适当的方式，来介绍和宣传自己的农业网站，或者利用自己的网友资源来吸引和号召更多的网民访问，这是相当有效的。

6. 利用传统的方式推广

网络虽然是一种新兴的媒体，但也不能将它同传统传媒相对立起来，因此利用传统媒体，欢迎所有人参观同样是一种十分有效的方法。例如，通过报纸、杂志等的宣传，做电视广告，在各种公众场合树立农业网站的广告牌以及各种公交车辆上的广告标志等等，都是很好的宣传推广方式。

除此之外，通过员工的口头宣传，首先影响员工的家人、朋友，其次不断扩展开去。这种推广方式的作用有时也是不可低估的。

（四）电子商务网站维护与升级

1. 网站维护

农业网站维护的必要性。农业网站的维护工作是农业网站投入运营后必须面临的长期任务，这项工作对于保证农业网站可靠、高效运营具有非常重要的意义。对农业网站进行维护的必要性具体体现在如下几个方面：一是由于硬件设备故障、软件出错等原因，任何建好的网站都可能会出现这样或那样的错误从而导致其不能被正常访问，这就需要进行网站的日常维护。另外，无论多精彩的农业网站，如果长期不更新，总是一副老面孔，就会令浏览者望而生厌。只有不断更新和丰富网站的内容，才能为农业网站增添活力和吸引力。尤其对于农村电子商务网站来讲，随时保持高可用性和可浏览性，这是至关重要的。二是对农业网站进行定期维护能够帮助提早发现和解决问题，使这些问题被扼杀在萌芽阶段而不致造成严重的危害。三是对农业网站进行定期维护，还能够帮助网站管理与维护人员将工作量分散，不必在短时间内集中处理大量事情，从而大大降低了工作的强度和压力。四是对农业网站进行定期维护还能方便以后必须进行的升级工作。

农业网站维护需要注意的主要问题。维护工作在保证农业网站长期、稳定而且高质高效的运行方面起着非常关键的作用。在农业网站维护中，主要需要注意如下的问题。一是维护农业网站的基本结构和既定风格。在精心设计的农业网站上，各个页面都是按照一定的结构设计有机地组织起来的。因此，在需要增添或删除某些页面时必须全盘考虑，不能破坏整体的良好结构。二是保持农业网站内容的时效性。对于农业网站内容，尤其是那些时效性强、变化快的内容，必须做到定期更新，保证用户看到的内容都是及时、有效的。三是检查并保证链接的有效性。维护链接的有效性是检验一个农业网站管理是否严谨的一个很重要的尺度，必须加以重视，定期进行检查，保证质量。四是随时监控服务器的运行情况。农业网站上直接与用户打交道的是各种服务器，它们的运行情况关系了农业网站提供服务质量的好坏，因此必须随时监控，尽早发现问题，并将问题解决在萌芽阶段。五是重视用户的意见反馈。

2. 网站升级

（1）农业网站升级时机。当农业网站的服务功能和运营效率满足不了需求时，就需要对农业网站进行升级。可以通过下述的方法来确定农业网站升级的时机：一是通过一些外部征兆来判断应当在什么时机进行农业网站的升级工作。应当不断关注竞争对手的情况，注意他们发生的变化，当竞争对手的网站进行了大规模的改进或升级以至于可能对自身网站产生强大的威胁时，就应该仔细考虑升级的问题了。二是促使考虑对农业网站进行升级的更多是因为一些农业网站自身内部的因素，包括：一是当集聚了大量的新内容，而且容纳这些新内容需要对农业网站的结构进行调整，也就是说无法在不改变原有的农业网站结构的情况下将这些重要的内容纳入网站之中时；二是当出现了能大大丰富网的服务内容，提高农业网站的服务质量的新的技术手段或方式，采纳这样的技术或方式，将会大大增加农业网站的竞争力时；三是当软、硬件设备出了升级换代，而农业网站现有的软、硬件已经严重老化或已经无法承受日益增长的业务量的需求时。

（2）农业网站升级内容。网站的硬件升级是指对网站所采用的硬件设备加以升级换代。其中主要包括对网站所用的各种服务器的处理能力和存储容量进行升级和扩容。另外，对内部网络的升级也是一项重要内容。农业网站的软件升级包括了几方面的内容：网站系统软件和支撑软件的升级，网站结构的调整和升级，网站应用软件的改进和升级。

（3）农业网站升级形式。网站的升级有后台升级、用户界面升级及全面升级等形式：

一是后台升级。这种升级能够显著提高网站后台文件、数据和代码的运行效率，它的目的在于大大提高后台服务器的处理能力和效率，使农业网站运行更加流畅，各种任务完成得更加迅捷。二是用户界面升级。这种升级主要是对用户界面进行改造。这种升级将针对用户界面出现的各种问题加以调整和解决，使用户界面使用起来更方便、更友好。三是全面升级。这种升级是指对农业网站的整体进行升级，它不仅包括后台的升级，也包括了对用户界面的升级，将对农业网站的整体形象、风格和处理能力做较大的调整，大幅度地提高网站的性能。

（4）农业网站的软件升级。一是农业网站系统软件和支撑软件的升级。这包括农业网站的操作系统平台、数据管理软件、Web 服务器软件等系统软件的升级换代。这些软件大多是通过购买得到的，因此要密切保持同采购厂商或其代理商的联系，及时更新到其最新的版本或者得到对原有系统的改进，切实保证网站运行平台的先进性和稳定性。二是网上结构的调整和升级。这包括农业网站各项内容和服务的组织框架和结构形式，这一部分内容大多是自主进行开发或者进行委托开发完成的，因此具有较大程度的自主可控的特性，要在充分利用原有架构的基础上，根据新内容的需要对结构加以调整和创新。在进行调整和创新过程中，要充分注意保持农业网站既有风格的连续性。三是网上应用软件的改进和升级。具体对于农村电子商务网站而言，实际上是对农村电子商务应用软件的改进和升级。这一部分可能是自主组织开发完成的，也有可能是通过定制购买完成的，因此要根据不同的情况进行处理。对于自主开发部分，可以针对实际过程中发现的问题对症下药地加以改进，增添或者删除部分功能模块；而对于定制购买的部分，则要通过同采购厂商的密切合作，对现有版本采取改良或者完全升级等不同的策略。这一部分的升级要密切关注市场上的各种动态，以及用户的各种需求走向，把这些特点反映成具体的需求并融入应用软件的开发之中。

第二节　农村电子商务网上开店

一、网上开店的概述

（一）网上开店的概念

网店，顾名思义就是网上开的商店。网店是相对于实体店来说的一种电子商务形式，卖家通过网络展示和宣传其产品或者服务，并把产品或者服务卖给消费者（购买者）的经营方式，这样的商务活动就叫作网上开店。网上开店是一种能够让人们在浏览的同时进行实际购买，并且通过各种支付手段进行支付完成交易全过程的行为。网上开店是一种在互联网时代的背景下诞生的新销售方式，区别于网下的传统商业模式，与大规模的网上商城及零星的个人网上拍卖相比，网上开店投入不大、经营方式灵活，可以为经营者提供不错的利润空间，成为许多人的创业途径。

（二）网上开店的优势

1. 开店成本极低

网上开店与网下开店相比综合成本较低：许多大型购物网站提供租金极低的网店，有的甚至免费提供，只是收取少量商品上架费与交易费；网店可以根据顾客的订单再去进货，不会因为积货占用大量资金；网店经营主要是通过网络进行，基本不需要水、电、管理费等方面的支出；网店不需要专人时时看守，节省了人力方面的投资。

2. 经营方式灵活

网店的经营是借助互联网进行经营，经营者可以全职经营，也可以兼职经营，网店不需要专人时时看守，营业时间也比较灵活，只要可以及时给浏览者的咨询回复就不影响经营。网上开店不需要网下开店那样必须要经过严格的注册登记手续，网店在商品销售之前甚至可以不需要存货或者只需要少量存货，因此可以随时转换经营其他商品，可以进退自如，没有包袱。

网上开店基本不受营业时间、营业地点、营业面积这些传统因素的限制。网上开店，只要服务器不出问题，可以一天 24 小时、一年 365 天不停运作，无论刮风下雨，无论白天晚上，无须专人值班看店，都可照常营业，消费者可以在任何时间登录网站进行购物。

网上开店基本不受经营地点的限制，网店的流量来自网上，因此即使网店的经营者在一个小胡同里也不会影响网店的经营。网店的商品数量也不会像网下商店那样，生意大小常常被店面面积所限制，只要经营者愿意，网店可以摆上成千上万种商品。

3. 网店的消费者范围是极广泛的

网店开在互联网上，只要是上网的人都有可能成为商品的浏览者与购买者，这个范围可以是全国的网民，甚至全球的网民。只要网店的商品有特色、宣传得当、价格合理、经营得法，网店每天将会有不错的访问流量，大大增加销售机会，取得良好的销售收入。

（三）网上开店的风险

网上开店虽然有许多的优势，但是作为一种需要投入资金与精力的经济行为，网上开店也存在着一定风险。目前，我国的网上购物与网上销售市场还处于起步阶段，如果经营的产品不对路，价位不合理，没有良好的销售信用，解决不好支付与送货环节的问题，网上开店很可能出现销售打不开局面，无法从网上开店中获利，反而要赔上时间、精力与投入。

人们一哄而上开网店，但是并不是每一个开店的人都可以赚到钱的，许多开店者往往是亏损的，在开店前一定要对经营的风险有足够的认识。

（四）网店与商店比较

1.资金方面

网上开店：开办手续网上注册（个性设计）+商品信息上传+网店租金+网店交易费用+网上广告宣传费用+商品采购成本。传统商店：租店面+工商注册+装修+进货+专人驻店成本支出+商品采购成本+库存仓租费+库存商品资金占用利息+营业员工资+商场场地租赁费+税金。

2.营业地点选择

网上开店：一个合适的购物网站即可营业。传统商店：地点的选择与客流量、投入资金有紧密关系，营业面积、店面的大小与实际的销售额没有对应关系，面积增大需要大幅增加资金投入。

3.营业范围

网上开店：全世界任何有网络的地方，没有地域限制。传统商店：就近的一些消费者，明显受地域限制。

4.营业时间

网上开店：24小时全天候接受订单。传统商店：正常的工作时间内。

二、网上开店程序

（一）网上开店基本流程

1.网上开店构想

开始并不在网上，而是在脑子里。需要想好自己要开一家什么样的店。在这点上，开网店与传统的店铺没有区别，寻找好的市场和项目。自己的商品有竞争力才是成功的基石。

2.选择开店平台或者网站

需要选择一个提供个人店铺平台的网站，注册为用户，这一步很重要。大多数网站会要求用真实姓名和身份证等有效证件进行注册。在选择网站的时候，人气旺盛和是否收费以及收费情况等都是很重要的指标。现在很多平台提供免费开店服务，这一点可以省下不少费用。

3.向网站申请开设店铺

要详细填写自己店铺所提供商品的分类，如网店出售农产品，那么应该归类在"种植业农产品、养殖业水产品、畜牧业畜产品"中的"种植业农产品"一类，以便让目标用户可以准确地找到，然后需要为自己的店铺起个醒目的名字，网民在列表中点击哪个店铺，更多取决于名字是否吸引人。网店显示个人资料，应该真实填写，以增加信任度。

4. 进货

可以从熟悉的渠道和平台进货，控制成本和低价进货是关键。

5. 登录产品

需要把每件商品的名称、产地、所在地、性质、外观、数量、价格、交易方式、交易时限等信息填写在网站上，最好搭配商品的图片。

6. 营销推广

为了提升自己店铺的人气，在开店初期，应适当进行营销推广，但只限于网络上是不够的，要线上线下多种渠道一起推广。例如，购买网站流量大的页面上的"热门商品推荐"的位置，将商品分类列表上的商品名称加粗、增加图片以吸引眼球。也可以利用不花钱的广告，比如与其他店铺和网站交换链接。

7. 售中服务

顾客在决定是否购买的时候，很可能需要很多网店没有提供的信息，他们随时会在网上提出，网店应及时并耐心地回复。但是需要注意，很多网站为了防止卖家私下交易以逃避交易费用，会禁止买卖双方在网上提供任何个人的联系方式，如信箱、电话等，否则将予以处罚。

8. 交易

成交后，网站会通知双方的联系方式，根据约定的方式进行交易，可以选择见面交易，也可以通过汇款、邮寄的方式交易，不管哪种方式都应尽快，以免对方怀疑店家的信用。是否提供其他售后服务，也视双方的事先约定。

9. 评价或投诉

信用是网上交易中很重要的因素。为了共同建设信用环境，如果交易满意，最好给予对方好评，网站通过良好的服务获取对方的好评。如果交易失败，应给予差评，或者向网站投诉，以减少损失，并警示他人。如果对方投诉，应尽快处理，以免给自己的信用留下污点。

10. 售后服务

完善周到的售后服务是生意保持经久不衰非常重要的筹码，与不同的客户保持联系，做好客户管理工作。

（二）网上商店必备内容

1. 必备内容

网店名称。它就像是注册商标，在网络上称为域名，整个网络世界它是唯一的。一个与农业企业公司名称相关的网络名称，可以使顾客更容易记住农业企业的网店。

网店地点。网点地点也就是开设网店的网络服务器地址,高速的网络连接,就像是把商店开在闹市黄金地段,可以使顾客快速容易地抵达,这对客户的影响是十分关键的。

网店装修。网站的设计对用户来讲自然非常重要,动人的网页就像一流装修的商场,不但吸引顾客,而且能够增加顾客的信心。

货物摆放。在网上商店中,其反映在如何建立商品的目录结构,提供何种网站导航和搜索功能,以使得用户可以快速、便利地寻找到需要的商品和相关信息。

购物车。方便灵巧的购物车可以使顾客感觉到受到了良好的服务,增加顾客的信心。它是连接商品和付款台的关键环节。

货币结算。支付系统是网络交易的重要环节。在美国和欧洲,信用卡已经成为最普遍的电子交易方式。通过提供必要的个人信用卡资料,商店就可以通过银行计算机网络与顾客进行结算。这也是建立网络商店的必要条件。而且货币结算的安全可靠,不但关系顾客的切身利益,同时直接关系商业经营的安全可靠。

商品盘点更新。对网络商店的日常维护,如去除销售完的商品、摆上新货等,是必须经常进行的工作。

库存商品管理。后勤保证是任何商务运作的基础。无论网络商店还是真实商店,货物和货币都是一样真实的,对库存货物的存储和管理也是一样真实的。

商品最终送达用户。网上购物实际上是邮购。最后一个步骤自然是通过邮政或其他系统将货物快速可靠地送达用户手中。

售后服务。不言而喻,这同样是现代商品销售的重要环节。而网络技术可以为用户提供 24 小时不间断地服务,这也是网络商店的优势之一。通常网络商店还要提供 30 天的退、换货承诺。

2. 申请域名的原则

容易查找。内含网店名称、网站名称或农业企业商号的域名很容易被用户找到,甚至猜到。而且要是该店搬家或者地址改变了,只要把该域名链接过去就可以,避免老客户的流失。

容易记忆。一旦客户找到网站(网店),那么记住一个较短的域名比记住冗长的域名要容易得多。

独立性。可以把自己的独立域名转到任何一个商店,无论是淘宝店、拍拍店还是易趣店都可以。

可信度更高。相对使用免费域名的网店来说,用户似乎更倾向于相信那些拥有自己独立域名的网店,正规商家必须要有他们自己独立的顶级域名。

方便输入。较短的域名很容易输入浏览器的地址栏中,也能方便地加到签名文件、名片及商业信件中。

所有权。一旦域名注册成功，只要以后按时交费，该域名就永远属于自己，不会被别人抢注。

成本低廉。注册一个 .com 的顶级域名在中国万网最多是 100 元／年。

方便推广。一旦拥有自己的独立域名，还可以登录百度、谷歌、搜狗。这样访问者会更多，生意会更红火。还可以在 QQ 或者 MSN 签名上，写上独立域名，以方便好友查找访问。

（三）网上开店的主要步骤

1. 收集信息

在开店之前首先要做的是准备工作，信息收集对于一个网商来说是十分重要的。而对于一个新手来说不知道要收集哪些信息才是有用的，只要是和网店有关的都是要了解的对象，包括淘宝的发布商品规则、支付宝使用规则、论坛规则、社区规则、促销活动规则等。

2. 寻找货源

在了解了所有有关网店的细则之后就是寻找货源。一个成功的网商必定有自己的长期供应商。而成功的关键因素就是要找一个好的货源，质量、款式、价格都必须有自己独特的优势所在。这样才会在众多的竞争中占有一席之地。新手开网店，没有基础、没有实力、没有经验等，需要慢慢摸索，当然任何事业都不是一帆风顺的，凡事都是在困难与挫折中成长的，问题与机遇并存。千万不可以在货源上掉以轻心，建议新手先尝试在阿里巴巴找货源，供货商不要找太多家。当然，农产品货源的寻找有其特殊要求，一定要寻找有信誉度的农业企业。

3. 商品发布

货物收到之后，就要准备把商品放到网上店铺中发布了，当然找寻到的这些货物是通过数码相机拍照后发上去的图片，并配以简短的文字说明。实物图片一定要经过处理才能发到网店店铺上，图片处理一般使用 Photoshop 处理器。

4. 图片上架

图片准备好之后就可以上架了。编辑商品的时候有些新手不知道有效期是有何作用的。有 7 天和 14 天两种选择模式，淘宝是把时间快要到期的宝贝放到最前页，选择 14 天的话，商品曝光次数是 14 天一次。而选择 7 天的话可以多曝光一次。这样浏览量和成交量的概率就多了 1 倍。因此，最好选择 7 天有效期的模式。

5. 物流选择

发货管理选择，一个好的物流公司也是关键，这样会给卖家减少因为物流延期或破损而产生的纠纷。在发货时应该注意以下几点：一是出货之前一定要仔细地检查每一件商品，特别是带电池或电子类的为检查重点；二是如果有些商品图片和实物因为色差而出现不符的话应该在发货之前与买家说明；三是如果数量不足或稍带瑕疵的商品也尽量和买家说明，以免产生不必要的麻烦。

6. 宣传促销

许多新手在开始的时候都面临着信用危机，因此一定要把握一切机会进行宣传、做广告，多逛社区、多写帖回帖、参加活动、加入旺铺、直通车、支付宝社区、支付宝活动、支付宝促销等。

7. 支付宝管理

支付宝管理就等于资金管理。一般可使用 3 个账户，一个管理销售资金、一个管理进货资金、一个管理开支成本资金。这样做便于对自己的生意更好地去管理，能够对销售情况的好坏做到一目了然。

8. 慎防网骗

防骗意识要时刻牢记。社会上形形色色的骗子无奇不有，行骗方式不断翻新，人们是防不胜防。但只要记住一点：不要贪小便宜。不要以为天上真的会掉馅饼，俗话说世界上没有免费的午餐。切记！不管对方以什么样的借口，到最后都会要求把账号密码透露给他。只要是对方谈到了这一点，请一定要提高警觉。

9. 售后管理

不管每一笔订单利润是多少，始终要把服务做到让买家感觉满意为止，这一点是至关重要的。不管和买家发生什么不愉快的事情，都要认识到这一点，甚至可以用一句话来形容：卖产品，更是在卖服务。谁的服务到位，谁的成功概率就大。

10. 诚信管理

诚信是任何行业买卖存在的一大坚固基石，也是人们所有活动最重要的基础，网店更是如此。所以必须要创造一个以诚信为本的网上购物环境，对每一个客户都必须真诚以待。

（四）网上开店注意事项

买家对产品感兴趣，然后和卖家进行咨询及交易。

买家在卖家的网店里将货物拍下，系统会自动发一个消息给卖家。

如果需要修改价格的，这时卖家先不要让买家付款给支付宝，而是卖家先去自己的交易管理处进行修改价格，改成与买家协商好的价格；然后通知买家，让其付款给支付宝；如果不需要修改价格的，可以直接让买家付款给支付宝。

买家付款给支付宝后，卖家就可以在"我的淘宝"页面看到淘宝的提示，说你有一项交易等待发货，这里你可以点击进去（可以在交易管理里进行），选择发货，把发货的详细情况如实地填写下来。

接下来就是等买家收货了，当买家收到货后，查验无误后，买家就可以去淘宝网上进行收货确认（注意：买家必须收到货后才能收货确认，没收到货之前一律不进行收货确认）。然后通知支付宝把款项付到卖家的支付宝账号，这时卖家才可以收到货款，完成此宗交易。

完成了交易之后，不要忘了双方互评，只有双方互评了才可以给双方的信誉度加分。

三、网上开店的方法

（一）网上商店的建设

1. 怎么建立网上商店

现代电子商务技术已经集中于网络商店的建立和运作。网络商店和真实商店在部门结构和功能上没有区别，不同点在于其实现这些功能和结构的方法以及商务运作的方式。网络商店从前台看是一种特殊的 Web 服务器。现代 Web 网站的多媒体支持和良好的交互性功能成为建立这种虚拟商店的基础，使得顾客可以像在真实的超级市场一样推着购物车挑选商品，最后在付款台结账。这也就构成网上商店软件的三大支柱：商品目录、顾客购物车和付款台。好的商品目录可以使顾客通过最简单的方式找到其需要的商品，并可以通过文字说明、图像显示、客户评论等充分了解产品各种信息；商品购物车则衔接商店和个人，客户既可以把他喜欢的商品一个个放到购物车里，也可以从购物车中取出，直到最后付款；付款台是网络交易的最终环节，也是最关键环节。顾客运用某种电子货币和商店进行交易必须对顾客和商店都是安全可靠的。

网络交易通常是一种"先交钱后拿货"的购物方式。对于客户而言，其方便处在于购得的商品会直接投递到自己家里，而难以放心的是，在商品到达手中之前并不能确认到自己手中的究竟是什么。因此网络商店的信誉和服务质量实际上是电子商务成功与否的关键。

2. 建立独立网店的条件和好处

（1）建立独立网店的条件。一是申请一个自己满意的域名作为网店的访问地址，国际域名申请费用一年也就几十元人民币，其实投资很小；二是需要有一个支持动态页面和数据库的虚拟主机，要一个虚拟主机就 OK 了，一般普通的网店访问量不是很大，不需要购置独立服务器，这样采购简单同时管理也方便，最主要的是还节约很多成本，一个满足要求的虚拟主机年费用基本在 500 元左右，投资也不大；三是选择一个合适的网店系统，目前比较流行的网店源代码主要有 ASP 平台——eashop 通用网上商店系统和 PHP 平台——shopex、ecshop 等网上商店系统。

（2）使用独立网店的好处。一是拥有自己的独立网店，可以拥有自己的独立域名、店标、品牌、页面外观、支付接口、购物车。这一切将能体现自己的形象和实力。不会让客户认为是个人或者是小店铺，增强客户的信任感。二是拥有自己的独立网店、数据库、订单资料、客户资料、商品资料都是独立的，不必放在他人平台上。三是拥有自己的独立网店，宣传的将是自己的域名。四是拥有自己的独立网店，则客户就是自己的。在平台上开店，客户是和竞争对手共享的。一不留神，辛辛苦苦发展的客户就成为竞争对手的了。五是企业需要开设自己独立的网店，这将能更好地体现企业形象。

（二）网上商店的装修

1. 网店装修的概念

一般网站会提供你几个整体店铺风格选择（比如淘宝在"我的淘宝"—"管理我的店铺"—"店铺风格"选择），不过要想让自己的店铺跟别人的不一样，可以在店铺里的店标、公告、分类、商品页面等放上自己设计或喜欢的图片或文字，好比给店铺穿上漂亮的衣服。通常把这些图称为模板，但一般这些图片都要上传到网上空间或相册，得到图片网址，再加上特定的代码才能显示在店铺里。对于淘宝首页店铺的装修，有普通店铺和旺铺之分，普通店铺主要放在针对网店公告栏、店铺介绍和分类栏进行装修，旺铺有店招、促销、分类、描述。

2. 网店装修的作用

网店商品非常重要，但是绝对不能忽视网店装修。网店的页面就像是附着了店主灵魂的销售员，网店的美化如同实体店的装修一样，能让买家从视觉上和心理上感觉到店主对店铺的用心，并且能够最大限度地提升店铺的形象，有利于网店品牌的形成，提高浏览量。

增加顾客在网店的停留时间，漂亮恰当的网店装修，能给顾客带来美感，顾客浏览网页时不易疲劳，顾客自然会细心察看网页。好的商品在诱人装饰品的衬托下，会使人更加不愿意拒绝，有利于促进成交。

3. 网店装修应注意的问题

一是店标、公告、分类等都有一定的尺寸（像素）和格式（如 gif）要求，再加上特定的代码（每个位置的代码都不同），才能放到店铺里。二是音乐。网店里该不该放音乐已经是个讨论已久的问题了，如果要放，有几点必须要注意：声音不能太大；音乐类型要根据店里出售的东西来确定；尽量轻柔的音乐比较好，除非卖的是很劲爆的物品。三是分类。据说用字体可以增加搜索量，但用字体还是模版要看个人偏好。四是漂亮恰当的网店装修有利于提升店铺的形象，但过于复杂繁乱就可能喧宾夺主了。

（三）网上开店的方式

在专业大型网站上注册会员，开设个人网店。像易趣、淘宝、易购、一拍等许多大型专业网站都向个人提供网上开店服务，只要支付少量的相关费用（网店租金、商品登录费、网上广告费、商品交易费等），就可以拥有个人网店，进行网上销售。

这种方式的网上开店相当于网下去一些大的商场里租用一个店铺或柜台，借助大商场的影响与人气做生意，目前所看到的网上开店基本都是采用这种方式。

自立门户型的网上开店。经营者自己亲自动手或者委托他人进行网店的设计，网店的经营与大型的购物类网站没有关系，完全依靠经营者个人的宣传吸引浏览者。自立门户型的网店建设方式有两种：一是完全根据商品销售的需要进行个性化设计，需要进行注册域名、租用空间、网页设计、程序开发等一系列工作，个性化较好，费用较高；二是向一些网络公司购买自助式网站模块，操作简单，费用较低，但是缺乏个性化。

自立门户型的网店建设费用较高，同时还需要投入足够的时间与金钱进行网站宣传，优点是网店内容不需要像第一种类型的那样受到固定格式的限制，也不必交纳诸如商品交易费之类的费用。这类网店相当于路边的小店，如何吸引浏览者进入自己的网店，完全依靠经营者自己的推广。

前两种方式的结合，既在大型网站上开设网店，又有独立的商品销售网站。这种方式将前两者的优点集合，不足之处是投入会相对较高。

许多网下的商店经营者认识到网络的作用，开始通过网上销售商品，而一些网上开店取得不错收益的经营者也会考虑在网下开一个实体店，两者相结合，销售效果相当不错。

四、网上开店的技巧

（一）个人网店的经营

1. 进货渠道

如何找到一个好的进货渠道是非常重要的，否则就失去了价格竞争的优势。网上商店是最容易"对比"的，大多数购买者要在网上做一番价格比较才能决定是否购买。当然不是要求价格最低，最低的价格不见得就是购买率最高的商品，价格太低或最低，购买者反而认为商品质量可能有问题。做好进货渠道：一是就近寻找供应商，节省运输成本；二是寻找竞争力高的商品，太普通和太泛滥的商品没有吸引点。阿里巴巴、慧聪、万国都是不错的 B2B 网站，可以从中检索到大量的供应商的信息，此外网络商机站专门收集各类信息，国内中文 B2B 网站收集文档在网络商机站论坛有免费下载的。其实这里面还有个问题：网店都会去阿里巴巴、慧聪等知名的 B2B 网站寻找供应商，如果能掌握更多的查找供应商的渠道，那么无疑就能从同类商品中脱颖而出。

2. 网店信用

网店的信用值在淘宝、易趣是相当重要的。顾客在购买商品的时候，这个信誉值绝对是一个重要的参考依据。但是这个不是短时间内能做到的，需要一个长期的努力过程。

3. 网店广告

不能总是等人上门，守株待兔是不行的。在开网店初期可以不用去购买付费的广告。一是论坛广告。在和网店销售商品相关的论坛好好泡着，认认真真地为网友解决问题，不时为大家推荐商品。这个办法是最好的广告，但是切忌在论坛直接发 AD 帖子。只有认真为网民解决问题才能得到大家的认可和信任。二是文章广告。商品使用心得、商品比较之类的文章多写，写自己的使用心得和大家分享，文章内不失时机地为自己的商品说说好话，一定能为网店带来销量。三是个人博客。给网店建个博客，把自己的文章、商品信息归类、建档。虽然这个效果不如前两个有效，但是也有不少收获。

4. 独立网店

当网店做出业绩后，自己可以开一个独立的网店，目前开源的网商商店源代码可以免费下载使用，也不需要付费。虚拟主机的价格也很便宜。独立网店的好处有：一是可以更好地推广自己的网店品牌，推广起来更加有效。二是可以添加商品的数量、商品展示方式、网页美观程度，网店的所有特点都可以按照自己的意愿来做。三是用搜索引擎就可以直接搜索网站，毫无疑问搜索引擎能带来更多的客人。

5. 信息收集

网店、实体店都一样，网络信息收集对于商人来说都非常重要，需要时刻掌握同类商品的信息，新出的商品有哪些，那些商品有什么特点、优势、劣势等。竞争对手都在做什么？行业信息、政策都应该关心一下，网络信息收集是需要一定技巧和经验的。

（二）网店的宣传推广

1. 网店推广最常见的途径

一是论坛发精华帖。这可以为网店带来很大的流量。二是与同类网店做友情链接。三是印制名片在现实中传播。四是运用搜索引擎优化来提升排名。五是经常更新网店。

2. 网店产品广告策略

对于高相关性的产品，网店应偏重于咨询性信息的提供，其广告的教育成分可提高；对于低相关性产品，消费者购买时风险感较低，商店可大大提高广告的娱乐性，以增加吸引力。融于网络游戏中的游戏广告与娱乐相联系、受众集中、性价比优良，能让消费者在愉快的体验中主动接受品牌，产生购买欲望。通过网络邮箱做广告，也是一种最新动态，因为邮箱广告具有作用时间长、非强迫性的特点。

3. 对网上开店销售的商品进行市场调查

一是可以把自己的想法或是样品拿出来，听听亲戚或是周围朋友的意见，因为很多人可能就是潜在客户，也可以请教一些行业人士与专家，听听他们的意见。在调查过程中不要认为有些人不会上网，那他就不是我的客户，我就不用调查他，这个想法是错误的，因为网上开店只是一种营销渠道，并不是说没有人要的产品，放在网上就有人要，只有网下有人要的产品，放在网上，性价比好才会卖得出去。二是可以上网看看别人的网店里有没有这样的产品出售，如果有，那就说明了这样的产品有市场，但这样的市场是不是自己的市场，这个时候就要看自己的产品有没有竞争优势，如果是同一品牌就主要看价格有没有优势；如果是不同的品牌，这个时候要看自己的品牌的影响度和产品的性价比。如果没有，这个时候就要做线下调查，如果能形成一定的购买市场，那就是在网上开店具备了人无我有的好东西，这就形成了差异化的竞争，就形成了核心竞争力。即使价格高一点，也会有人趋之若鹜。

（三）网店商品的挑选

1. 网店商品的名称和定价

网店商品名称应尽量全面，突出优点，因为当别人搜索该类商品时，只有名称会显示在列表上。为了增加吸引力，图片的质量应尽量好一些，说明也应尽量详细，如果需要邮寄，最好声明谁负责邮费。网店商品定价讲究策略。通常网站会提供起始价、底价、一口价等项目由卖家设置。假设卖家要出售一件进价 8 元 / 千克的农产品，打算卖到 13 元 / 千克。如果是个传统的店主，只要先标出 13 元 / 千克的价格，如果卖不动，再一点点降低价格。但是网上竞价不同，卖家先要设置一个起始价，买家由此向上出价。起始价越低越能引起买家的兴趣，有的卖家设置 1 元起拍，就是吸引注意力的好办法。但是起始价太低会有最后成交价太低的风险，所以卖家最好同时设置底价，如定 9.5 元 / 千克为底价，以保证商品不会低于成本被买走。起始价太低的另一个缺点是可能暗示店家愿意以很低的价格出售该商品，从而使竞拍在很低的价位上徘徊。如果卖家觉得等待竞拍完毕时间太长，可以设置一口价，一旦有买家愿意出这个价格，商品立刻成交，缺点是如果几个买家都有兴趣，也不可能托高价钱。卖家应根据自己的具体情况利用这些设置。

目前我国网络消费者收入不太高，在未完全排除网上购物的不安全因素之前，商品价位以中低为主。对于网络消费者中的部分高收入者，他们对价格的敏感度较低，而对购物的便利和商品的独特性要求却很高，可以采用高价策略。

2. 适合网上开店销售的商品一般具备以下特点

一是体积较小。主要是方便运输，降低运输的成本。二是附加值较高。价值低过运费的单件商品是不适合网上销售的。三是具备独特性或时尚性。网店销售不错的商品往往都是独具特色或者十分时尚的。四是价格较合理。如果网下可以用相同的价格买到，就不会有人在网上购买了。五是通过网站了解就可以激起浏览者的购买欲。如果这件商品必须要亲自见到才可以达到购买所需要的信任，那么就不适合在网上开店销售。六是网下没有、只有网上才能买到，如外贸订单产品或者直接从国外带回来的产品，还有稀少的特仓农产品。

3.网上开店不能销售的产品

一是法律法规禁止或限制销售的商品，如武器弹药、管制刀具、文物、淫秽品、毒品。二是假冒伪劣商品。三是其他不适合网上销售的商品，如医疗器械、药品、股票、债券和抵押品、偷盗品、走私品或者以其他非法来源获得的商品。四是用户不具有所有权或支配权的商品。就农业而言，农业生产的投入品有明确规定，因此禁止在网上销售国家禁止的农业投入品，如高毒高残留农药等。

4.精心寻找网店货源

一是批发市场进货。这是最常见的进货渠道，如果网店是经营农产品，那么可以去周围一些大型的农产品批发市场进货，在批发市场进货需要有强大的议价能力，力争将批发价压到最低，同时要与批发商建立好关系，在关于调换货的问题上要与批发商说清楚，以免日后起纠纷。二是生产企业货源。正规的生产企业货源充足，态度较好，如果长期合作的话，一般都能争取到滞销换款。但是一般而言，生产企业的起批量较高，不适合小批发客户。如果有足够的资金储备，并且不会有压货的危险或不怕压货，那就去找生产企业进货。三是大批发商。一般用百度、谷歌就能找到很多。他们一般直接由生产企业供货，货源较稳定。不足的是，因为他们已经做大了，订单较多，服务有时难免跟不上。而且它们一般都有固定的回头客，不怕没有批发商，很难和他们谈条件，除非订的次数多了，成为他的一个大客户，才可能有特别的折扣或优惠。而最糟糕的是，他们的发货速度和换货态度往往不尽如人意。订单多、发货慢可以理解，只要提前一点订货就可以解决，真正的问题在于换货。收到的东西有时难免有些瑕疵，尤其是饰品。所以事先要做好充分的沟通与协商。四是刚刚起步的批发商。这类批发商由于刚起步，没有固定的批发客户，没有知名度。为了争取客户，他们的起批量较小，价格一般不会高于大批发商，甚至有些商品还会低于大批发商。可以按照自己的进货经验和他们谈条件，如价格和换货等问题。他们不同意条件也没关系，但说不定就同意了，或者可以达成一个中间协议。而且为了争取回头客，他们的售后服务一般比较好。不足的是因为是新的批发商，大家要好好了解他们的诚信度。可以到留言板去看别人对他们的评价，也可以让他们自己出具资信证明。五是关注外贸产品或 OEM 产品。目前许多工厂在外贸订单之外的剩余产品或者为一些知名品牌的贴牌生产之外会有一些剩余产品处理，价格通常十分低廉，通常为正常价格的 2 ~ 4 折，这是一个不错的进货渠道。六是买入库存积压或清仓处理产品。因为急于处理，这类商品的价格通常是极低的，如果有足够的砍价能力，可以用一个极低的价格吃下，然而转到网上销售，利用网上销售的优势、地域或时空差价获得足够的利润。所以，要经常去市场上转转，密切关注市场变化。七是寻找特别的进货渠道。比如，如果在中国香港或国外有亲戚或朋友，可以由他们帮忙，进到一些国内市场上看不到的商品，或者一些价格较低的商品。如果在深圳、珠海这样的地方，甚至可以办一张通行证，自己去我国香港、澳门进货。

在以上进货渠道中，对于小本经营的卖家而言，后三者更适合一些，但是要找到这样的进货渠道难度要大一些，需要卖家多用时间，细心留意。网上开店，进货是一个很重要的环节，不管是通过何种渠道寻找货源，低廉的价格是关键因素，找到了物美价廉的货源，网上商店就有了成功的基石。

（四）网店的网站选择

1. 在大型网站上选择平台开网店

（1）专业的 C2C 拍卖类网站。

（2）可以注册个人卖家会员的综合型购物网站。

（3）可以注册个人卖家会员的单项购物网站。

2. 开办个性化的网上商店

建设独立的网上商店是指经营者根据自己的经营商品情况，自行或委托他人设计一个网站，独立的网上商店通常都有一个顶级域名做网址，不挂靠在大型购物网站上，完全依靠经营者通过线上线下的宣传，吸引浏览者进入自己的网站，完成最终的销售。它主要包括个性化的网上商店与自助式的网上商店两种类型。

完全个性化的网上商店开办，实际就是设计了一个新网站，通常包括五个方面：域名注册、空间租用、网页设计、程序开发、网站推广等。因为是完全独立开发，个性化的网店的风格、内容完全可以根据经营者的思路来进行设计，而不必像大型网站里提供的网店需要受限于具体的模块，而且网店商品的上传与经营完全由经营者自己安排，除了支付网站设计与推广费用外，不需要支付网上交易费、商品登录费等费用。当然，个性化的网店只有通过其他各种的网站推广方式，才可以得到浏览者的关注，实现最终的商品交易，个性化网店由于需要独立证明卖家自己的信用，往往无法立即取得浏览者的信任。

3. 开办自助式网上商店

自助式网上商店主要是采用自助式网站模块建立自己的网店，同样也是一种独立的网上商店，只是相对于个性化网店而言，网店内容模块化，网店的内容只能在既定的模式内选取，通常价格较低，网站的应用功能不错，但是这种网店风格则无法达到个性化的网店的标准。自助化网店操作简单，具体的应用则与个性化网店一样。目前有诸多网络类公司提供自助式网站服务，价格通常在几百元至 1000 元之间。

4. 在淘宝网上开店

（1）开店预备工作，走出成功第一步。账户注册一是填写信息。登录如 www.taobao.com 页面，点击上方"免费注册"进入淘宝免费注册页面，填写有关注册信息后提交注册。二是收电子邮件。注册提交后将有以下提示："感谢您注册淘宝！现在请按以下步骤激活您的账号！"只需要进入刚才提交的那个邮箱里面，打开淘宝网发的名为"亲爱的××，完成最后一步，您的注册就成功了！"的确认信件，点击"确认"即可成功注册并使用你的账户了。注意：淘宝规定注册使用淘宝的用户须年满18岁，且免费注册中你所提供的邮箱将成为你的支付宝账号。在拥有自己的淘宝账号和支付宝账号以后，要想开家店铺卖东西就必须先进行支付宝认证。选择支付宝个人实名认证，支付宝个人认证需要三个步骤：一是提交个人信息，二是身份证件核实，三是银行账户核实。

（2）免费开店准备，走出成功第二步。完成了以上申请与验证工作，现在只要上传10件物品就可以免费开店了！淘宝网上传物品：进入www.taobao.com页面，ID登录后，点击页面上面"我要卖"→"一口价"便可以上传了，当点击"一口价"后，看到的是一个要选择分类目录的操作页面，比如上传"中国莲藕"这件物品，只需在搜索中输入关键词"莲藕"便可看到所有与莲藕有关的分类，选择最合适的一类，点击下面的"确认"即可进入物品上传详细情况输入页面，具体情况可以根据你自己的物品详细信息进行商品登录。

所登录物品的宝贝标题、上传图片、宝贝描述、数量、一口价以及物品所在地都根据实际情况填写，可以加上自己的艺术成分，"开始时间"建议选择"立刻"，"有效期"建议选择"7天"，物品"新旧程度"：新的物品，选择为"全新"，半旧的物品就选"二手"，初学者"运费"建议选择为"买家承担运费"，具体邮费可以根据物品的实际重量以及收货人的平均远近来确定。具体邮费可以参考选择的物流公司的网站提供的有关邮费的详细资料。其他内容可以为系统默认的选项。所有内容都完成以后，点击下面"上传物品"，等待系统提示"上传宝贝成功"便完成了一件物品的上传。可以在"我的淘宝"→"出售中的宝贝"里面查看刚上传的物品。如有修改，可以点击物品后面"记事本"图标的按钮即可进入修改。依照上面的方法，成功上传10件物品后，点击"我的淘宝"→左边的"免费开店"即创建自己的店铺了。

（3）构建店铺框架，走出成功第三步。当点击"免费开店"后，会进入"我的店铺管理"的"基本设置"页面（也可以在点击"免费开店"后通过点击"我的淘宝"→"管理我的店铺"→"基本设置"进入），可以给店铺想一个个性、新奇或者让别人一看就知道你卖什么的店铺名。在"店铺类别"里面选择想要卖物品类型的大分类，在"主营项目"里面填具体的小类型，同时也可以在"店铺介绍"里面大致介绍一下小店，让买家看到后对店铺感兴趣，可以增加买卖的成交率！最后可以给自己的店铺上传一个"店标"。店标图片是店铺的标示，一个好的店标图片可以提高店铺的浏览率。目前店标图片支持gif和jpg格式，大小限制在80k以内，尺寸为：100×100px。可以在网上搜索下这个大小的个性图片，会使用photoshop的朋友也可以根据自己的要求做。图片准备好后，点击浏览，把图片传上去即可。最后可以把自己的"公告"写上内容，这些内容在修改后将在店铺的公告栏内滚动，这样买家进入店铺就可以看见要发布的店铺信息，比如最新进了哪些新东西，有什么优惠，以及写上联系方式，买家在想要买物品时和网店联系等。一个个性化的店铺公告，能吸引买家的注意力，达到更好的促销效果。

所有步骤都完成后，点击"确定"即可以完成店铺框架的构建，以上所填写内容都可以通过"我的淘宝"→"管理我的店铺"→"基本设置"进入进行修改。

（4）为小店铺货，走出成功第四步。店铺框架都弄好后，要想卖东西就必须把物品上到自己的店里，让别人感觉店铺做得比较大，做得比较专业，可以参考"（2）免费开店准备，走出成功第二步"的上传物品方法，上传要卖的物品。具体物品图片的拍摄及其经营技巧，新的卖家可以参照淘宝大学里面的经验，互相学习，慢慢成长！

5.淘宝开店的经验

（1）加入消费者保证服务、开通旺铺、学会使用直通车。如果想做好，这三条缺一不可。实践证明这是效果最明显的快速提升店铺浏览量和成交量的方法。

（2）巧用QQ、MSN等即时通信。把自己的店铺地址挂在QQ、MSN等即时通信签名上。关注自己的朋友，自然会光顾自己的店铺。向自己熟悉的朋友推荐自己的产品，最容易取得信任。

（3）善用QQ群。多加入一些QQ群，首先在群里赚得人气，在赢得信任的同时，再宣传自己的网店，将是不错的决策。

（4）稳住BBS。泡论坛虽然比较费时间，但也最容易吸引顾客，让店铺浏览量天天翻倍超实用。

（5）会用电子邮箱。利用邮箱，向自己朋友推荐店铺，不管有没有需求，朋友肯定会对它感兴趣。

（6）别忘记同学录。在同学录里，可以写下开网店的酸甜苦辣，与老同学分享，效果不错。

（7）主动做友情链接。寻找不同产品且人气旺的店铺主动做友情链接，将得到意外的收获。

（8）别错过博客。在博客主页挂店铺的广告，凡是浏览自己博客的朋友，都将看到这条信息。博客营销将是互联网发展趋势，需要好好把握机会。

（9）在阿里巴巴里买些广告位，把网店上流量最大的商品放到广告位上，会收到非常好的宣传效果。

（10）找到自己商品的优势，加大推荐力度。

第三节　农村电子商务网上支付

一、电子支付

（一）电子支付的特性及方式

所谓电子支付，又被称为"网上支付"，是指以电子计算机及其网络为手段，将负载有特定信息的电子数据取代传统的支付工具用于资金流程，并具有实时支付效力的一种支付方式。

1.电子支付的特性

一是电子支付是一种合同履行方式。二是电子支付是金融服务的一种新形式。三是电子支付具有技术性。

2.电子支付的方式

一是电子资金划拨。二是电子支票。三是信用卡系统。四是电子现金或数字货币。

（二）网上银行的概念及风险

网上银行，又被称为在线银行、虚拟银行或网络银行等，是银行借助客户的个人电脑、通信终端（包括移动电话、掌上电脑等）或其他智能设备，通过互联网或其他公用信息网，向客户提供银行业务和有关金融服务的一种银行业务模式。

网上银行的风险控制。一是技术和管理控制。二是法律控制。

（三）电子货币的定义及特征

电子货币使用者以一定的现金或存款从发行者处兑换并获得代表相同金额的数据，并以可读写的电子信息方式储存起来，当使用者需要清偿债务时，可以通过某些电子化媒介或方法将该电子数据直接转移给支付对象，此种电子数据可称之为电子货币。

电子货币具有如下特征。一是数字化形态。二是电子化手段。三是主体的广泛性。

（四）电子现金方式交易流程

电子现金是一种虚拟的网络货币，在网络交易中充当现实交易中货币的角色。采用电子现金交易的流程与现实世界中采用货币交易极其相似，具体流程如下：客户从客户银行转账到电子银行客户—电子银行给客户发放电子现金—客户将电子现金存放在计算机或者智能卡中—客户挑选货物并将电子现金发送给商家—商家向客户提供货物—商家将电子现金发送给电子银行—电子银行向商家开户行入账。

二、移动支付

（一）移动支付的概述

移动支付，也被称为手机支付，就是允许用户使用其移动终端（通常是手机）对所消费的商品或服务进行账务支付的一种服务方式。整个移动支付价值链包括移动运营商、支付服务商（比如银行、银联等）、应用提供商（公交、校园、公共事业等）、设备提供商（终端厂商、卡供应商、芯片提供商等）、系统集成商、商家和终端用户。

（二）移动手机的业务

移动支付业务是由移动运营商、移动应用服务提供商（MASP）和金融机构共同推出的、构建在移动运营支撑系统上的一个移动数据增值业务应用。移动支付系统将为每个移动用户建立一个与其手机号码关联的支付账户，其功能相当于电子钱包，为移动用户提供了一个通过手机进行交易支付和身份认证的途径。用户通过拨打电话、发送短信或者使用 WAP 功能接入移动支付系统，移动支付系统将此次交易的要求传送给 MASP，由 MASP 确定此次交易的金额，并通过移动支付系统通知用户，在用户确认后，付费方式可通过多种途径实现，如直接转入银行、用户电话账单或者实时在专用预付账户上借记，这些都将由移动支付系统（或与用户和 MASP 开户银行的主机系统协作）来完成。

（三）移动手机的支付

目前，支付宝、财付通、易宝、环迅等第三方支付平台也都瞄准手机支付领域，准备分享这块新蛋糕。但是传统支付行业的第三方支付公司只能成为为终端用户提供服务的服务行业，而主导权的重新分配必然会导致传统支付市场的格局发生变化，使得利益分配也逐渐偏向移动运营商。移动手机用户现已经突破 8 亿，移动手机支付将最终超过传统支付市场。移动手机支付是个朝阳产业，在这种形势下，移动更是应时应景推出更多优惠政策和活动，加大力度推广这种新兴支付方式。

手机实名利于移动支付安全。显然，国内移动支付市场已渐形成。然而，进行商务活动，一个重要前提是构成立约、交易双方的身份都是真实的。而目前国内手机用户中，存在着 2 亿非实名制预付费手机的无实名保障用户，这将成为移动电子商务大规模开展过程中需要解决的问题。据了解，实行手机实名制，不仅手机网络、垃圾短信等很多问题能从源头上得以解决，也使得用户身份信息的真实性问题得到了解决，使手机以及对应的号码有可能成为商务交易和其他移动增值业务的立约依据。

三、第三方支付

随着网络金融业的发展，网上银行的施行和发展，第三方支付作为一种新的支付形式产生并发展起来。第三方支付作为一种新的支付平台，它有着独特的形式和效用：一方面，第三方支付平台的形成和发展将有力地促进网络和网上银行的发展，从而更加方便电子商务中的网上支付。另一方面，第三方支付的发展将使网上购物程序简便有效，提高网上支付的效率，同时也会带动物流中快递业务的发展。

（一）第三方支付模式概述

所谓第三方支付，就是一些和产品所在国家以及国外各大银行签约并具备一定实力和信誉保障的第三方独立机构提供的交易支持平台。在通过第三方支付平台的交易中，买方选购商品后，使用第三方平台提供的账户进行货款支付，由第三方通知卖家货款到达、进行发货；买方检验物品后，就可以通知付款给卖家，第三方再将款项转至卖家账户。

购买者并非使用者，使用者并非最大受益者，真正受益者并非决策者，这就是第三方买单的逻辑。你消费，不用自己买单，产品或服务的提供商根本不收你的钱，而且你消费得越多，厂商还越高兴。这种消费模式之所以能够一直存在，是因为有第三方在替你买单，替产品或服务的提供商支付费用。这种经济模式又被称为"第三方（者）买单"。

除网上银行、电子信用卡等手段外，还有一种方式也可以相对降低网络支付的风险，那就是正在迅猛发展起来的利用第三方机构的支付模式及其支付流程，而这个第三方机构必须具有一定诚信度。在实际的操作过程中，这个第三方机构可以是发行信用卡的银行本身。在进行网络支付时，信用卡号以及密码的披露只在持卡人和银行之间转移，降低了应通过商家转移而导致的风险。同样当第三方是除了银行以外的具有良好信誉和技术支持能力的某个机构时，支付也通过第三方在持卡人或者客户和银行之间进行。持卡人首先和第三方以替代银行账号的某种电子数据的形式（例如邮件）传递账户信息，避免了持卡人将银行信息直接透露给商家，另外也可以不必登录不同的网上银行界面，而取而代之的是每次登录时，都能看到相对熟悉和简单的第三方机构的界面。第三方机构与各个主要银行之间又签订有关协议，使得第三方机构与银行可以进行某种形式的数据交换和相关信息确认。这样第三方机构就能实现在持卡人或消费者与各个银行以及最终的收款人或者是商家之间建立一个支付流程。

在第三方支付交易流程中，支付模式使商家看不到客户的信用卡信息，这避免了信用卡信息在网络上多次公开传输而导致信用卡信息被窃。

一类是以支付宝、财付通、盛付通为首的互联网型支付企业，它们以在线支付为主，捆绑大型电子商务网站，迅速做大做强。另一类是以银联电子支付、快钱、汇付天下为首的金融型支付企业，侧重行业需求和开拓行业应用。

（二）第三方支付交易流程

第三方支付模式使商家看不到客户的信用卡信息，同时又避免了信用卡信息在网络多次公开传输而导致的信用卡信息被窃事件，以 B2C 交易为例的第三方支付模式的交易流程如下。

客户在电子商务网站上选购商品，最后决定购买，买卖双方在网上达成交易意向。

客户选择利用第三方作为交易中介，客户用信用卡将货款划到第三方账户。

第三方支付平台将客户已经付款的消息通知商家，并要求商家在规定时间内发货。

商家收到通知后按照订单发货。

客户收到货物并验证后通知第三方。

第三方将其账户上的货款划入商家账户中，交易完成。

（三）第三方支付的主要特点

第三方支付平台提供一系列的应用接口程序，将多种银行卡支付方式整合到一个界面上，负责交易结算中与银行的对接，使网上购物更加快捷、便利。消费者和商家不需要在不同的银行开设不同的账户，可以帮助消费者降低网上购物的成本，帮助商家降低运营成本。同时，还可以帮助银行节省网关开发费用，并为银行带来一定的利润。

较之 SSL、SET 等支付协议，利用第三方支付平台进行支付操作更加简单且易于接受。SSL 是现在应用比较广泛的安全协议，在 SSL 中只需要验证商家的身份。SET 协议是目前发展的基于信用卡支付系统的比较成熟的技术。但在 SET 中，各方的身份都需要通过 CA 进行认证，程序复杂、手续繁多、速度慢且实现成本高。有了第三方支付平台，商家和客户之间的交涉由第三方来完成，使网上交易变得更加简单。

第三方支付平台本身依附于大型的门户网站，且以与其合作的银行的信用作为信用依托，因此第三方支付平台能够较好地突破网上交易中的信用问题，有利于推动电子商务的快速发展。

（四）第三方支付盈利方式

现在国内的很多物流体系还不完善，所以由物流公司来支付费用的方式还不能实现。另外，据说支付宝的盈利来自它的常驻资金的利息和投资的回报。支付宝作为第三方支付平台，受银监会的监管，这些资金以存款的形式保存，银行按协议支付它利息。1 亿元的资金 1 年的利息是 150 万元左右。所以，它的盈利点在于交易的手续费和常驻资金的利息。至于投资回报，因为有银行监管，所以也是不成立的。

第四节　农村电子商务网络安全

一、电子商务安全现状

电子商务系统将传统的商务过程转移到互联网平台上来，它是参与电子商务活动的各方，包括生产企业或商家、消费者、银行或金融机构、政府等，利用计算机网络平台来实现商务活动的信息系统。其目标是利用计算机网络技术实现在线交易的全过程。一个完善的电子商务系统应当包括哪些部分，目前还没有权威的论述。从企业电子商务实践来看，企业电子商务系统的体系结构一般为四层平台结构，它们分别是网络基础平台、应用开发支持平台、商务服务支持平台和电子商务应用平台。

（一）电子商务系统安全要求

总的来讲，电子商务系统的安全要求体现在计算机安全、网络安全和商务安全三个主要方面。从本质上来讲，计算机及网络安全就是计算机网络系统中的硬件、软件、数据受到保护，不会因为偶然或恶意的原因而遭到破坏、更改、泄露，系统能够连续正常工作，其特征是针对计算机网络本身可能存在的安全问题，实施网络安全增强方案，以保证计算机网络自身的安全性目标，它是电子商务系统安全的前提和基础。电子商务安全紧紧围绕传统商务活动在互联网上应用时产生的各种安全问题，商务安全是电子商务交易过程中最核心和最关键的问题。

（二）计算机及网络安全问题

1. 不可抗拒的灾害

当环境的温度、湿度发生变化时，计算机受到强烈的振动和冲击时，计算机就会受到损害，就不可避免地造成信息数据的丢失。此外计算机硬件如磁盘、内存、网卡、电源、主板等，网络设备如路由器、交换机、传输设备等发生故障时，都可能造成信息丢失，甚至导致整个系统的瘫痪。

软件漏洞和后门。无论是编程设计人员有意留出的恶意漏洞（为了调试程序或某种目的而精心设置的程序入口，一般不为外人所知，但一旦开了"后门"，就可成为非法用户越过系统正常的安全检查，以非授权方式访问系统的秘密通道），还是编程设计人员无意出现的漏洞，都对信息安全构成很大的威胁。黑客可以利用这些漏洞对消息进行监听，窃取和获得信息，也可以通过漏洞对系统进行破坏。如今流行的操作系统就存在大量的漏洞与缺陷，并且新的漏洞与利用各种漏洞的蠕虫变种层出不穷，网络的迅速发展也给这类威胁提供了高速繁殖的媒介。

计算机病毒。编制或者在计算机程序中插入的破坏计算机功能或者破坏数据，影响计算机使用并且能够自我复制的一组计算机指令或者程序代码。病毒的传播通常有两种途径：一是用户从公共计算机下载带有病毒的程序，二是交换已感染的磁盘。目前使用优盘感染病毒最为常见。

网络安全问题。现在随着互联网技术的发展，网络安全成了新的安全研究热点。网络安全就是如何保证网络上存储和传输的信息的安全性。网络安全问题是计算机系统本身存在的漏洞和其他人为因素构成了计算机网络的潜在威胁，概括来说网络安全的内容包括计算机网络设备安全、计算机网络系统安全、数据库安全等。

2.电子商务交易安全问题

在计算机网络安全的基础上，如何保障电子商务过程的顺利进行。即实现电子商务的保密性、完整性、可鉴别性、不可伪造性和不可抵赖性。网上交易日益成为新的商务模式，基于网络资源的电子商务交易已为大众接受，人们在享受网上交易带来便捷的同时，交易的安全性备受关注，网络所固有的开放性与资源共享性导致网上交易的安全性受到严重威胁。所以在电子商务交易过程中，保证交易数据的安全是电子商务系统的关键。

（三）电子商务安全有待解决

严格地说，在电子商务过程中有很多有待解决的问题。一是没有一种电子商务安全的完整解决方案和完整模型与体系结构。二是尽管一些系统正在逐渐成为标准，但仅有很少几个标准的应用程序接口。从协议间的通用 API 和网关是绝对需要的。三是大多数电子商务系统都是封闭式的，即它们使用独有的技术，仅支持一些特定的协议和机制。通常需要一个中央服务器作为所有参与者的可信第三方，有时还要求使用特定的服务器和浏览器。四是尽管大多数方案都使用了公钥密码，但多方安全受到的关注远远不够。没有建立一种解决争议的决策程序。五是客户的匿名性和隐私尚未得到充分的考虑。

二、计算机网络安全

（一）计算机网络的安全威胁

互联网为人类交换信息，促进科学、技术、文化、教育、生产的发展，提高现代人的生活质量提供了极大的便利，但同时对国家、单位和个人的信息安全带来极大的威胁。由于网络的全球性、开放性、无缝连接性、共享性、动态性发展，使得任何人都可以自由地接入互联网，其中有善者，也有恶者。恶者会采用各种攻击手段进行破坏活动。他们对网络系统的主要威胁有：一是系统穿透。未经授权而不能接入系统的人通过一定手段对认证性进行攻击，假冒合法人接入系统，实现对文件进行篡改和窃取机密信息、非法使用资源等。一般采取伪装或利用系统的薄弱环节、收集情报等方式实现。二是违反授权原则。一个授权进入系统做某件事的合法用户，它在系统中做未经授权的其他事情，威胁系统的安全。三是植入。一般在系统穿透或违反授权攻击成功之后，入侵者为了以后的攻击提供方便，常常在系统中植入一种能力，如向系统中注入病毒、后门、特洛伊木马等来破坏系统工作。四是通信监视。这是在通信过程中从信道进行搭线窃听的方式。软硬件皆可以实现，硬件通过无线电和电磁泄露等来截获信息，软件则是利用信息在网络上传输的特点对流过本机的信息流进行截获和分析。五是通信窜扰。攻击者对通信数据或通信过程进行干预，对完整性进行攻击，篡改系统中数据的内容，修正消息次序、时间，注入伪造消息。六是中断。对可用性进行攻击，破坏系统中的硬件、硬盘、线路、文件系统等，使系统不能正常工作，破坏信息和网络资源。七是否认。一个实体进行某种通信或交易活动，稍后否认曾进行过这一活动。

（二）计算机网络的安全隐患

1. 未进行操作系统相关安全配置

不论采用什么操作系统，在缺省安装的条件下都会存在一些安全问题，只有专门针对操作系统安全性进行相关的和严格的安全配置，才能达到一定的安全程度。千万不要以为操作系统缺省安装后，再配上很强的密码系统就算作安全了。网络软件的漏洞和"后门"是进行网络攻击的首选目标。

2. 未进行 CGI 程序代码审计

如果是通用的 CGI 问题，防范起来还稍微容易一些，但是对于网站或软件供应商专门开发的一些 CGI 程序，很多存在严重的 CGI 问题，对于电子商务站点来说，会出现恶意攻击者冒用他人账号进行网上购物等严重后果。

3. 拒绝服务攻击

随着电子商务的兴起，对网站的实时性要求越来越高，DOS 或 DDOS 对网站的威胁越来越大。以网络瘫痪为目标的袭击效果比任何传统的恐怖主义和战争方式都来得更强烈，破坏性更大，造成危害的速度更快，范围也更广，而袭击者本身的风险却非常小，甚至可以在袭击开始前就已经消失得无影无踪，使对方没有实行报复打击的可能。

4. 安全产品使用不当

虽然不少网站采用了一些网络安全设备，但由于安全产品本身的问题或使用问题，这些产品并没有起到应有的作用。很多安全厂商的产品对配置人员的技术背景要求很高，超出对普通网管人员的技术要求，就算是厂家在最初给用户做了正确的安装、配置，但一旦系统改动，需要改动相关安全产品的设置时，很容易产生安全问题。

5.缺少严格的网络安全管理制度

网络安全最重要的还是要思想上高度重视，网站或局域网内部的安全需要用完备的安全制度来保障，建立和实施严密的计算机网络安全制度与策略是真正实现网络安全基础。

（三）计算机网络的安全体系

一个全方位的计算机网络安全体系结构包含网络的物理安全、访问控制安全、系统安全、用户安全、信息加密、安全传输和管理安全等。充分利用各种先进的主机安全技术、身份认证技术、访问控制技术、密码技术、防火墙技术、安全审计技术、安全管理技术、系统漏洞检测技术、黑客跟踪技术，在攻击者和受保护的资源间建立多道严密的安全防线，极大地增加了恶意攻击的难度，并增加了审核信息的数量，利用这些审核信息可以跟踪入侵者。

在实施网络安全防范措施应做到以下几点，一是加强主机本身的安全，做好安全配置，及时安装安全补丁程序，减少漏洞；二是用各种系统漏洞检测软件定期对网络系统进行扫描分析，找出可能存在的安全隐患，并及时加以修补；三是从路由器到用户各级建立完善的访问控制措施，安装防火墙，加强授权管理和认证；四是利用RAID5等数据存储技术加强数据备份和恢复措施；五是对敏感的设备和数据要建立必要的物理或逻辑隔离措施；六是对在公共网络上传的敏感信息要进行加密；七是安装防病毒软件，加强内部网的整体防病毒措施；八是建立详细的安全审计日志，以便检测并跟踪入侵攻击等。

（四）计算机网络的安全技术

目前，常用的计算机网络安全技术主要有病毒防范技术、身份认证技术、防火墙技术和虚拟专用网 VPN 技术等。

（1）病毒是一种恶意的计算机程序，它可分为引导区病毒、可执行病毒、宏病毒和邮件病毒等，不同病毒的危害性也不一样。为了防范病毒，可以采用以下的措施：一是安装防病毒软件，加强内部网的整体防病毒措施；二是加强数据备份和恢复措施；三是对敏感的设备和数据要建立必要的物理或逻辑隔离措施等。

（2）身份识别技术是计算机网络安全技术的重要组成部分之一。它的目的是证实被认证对象是否属实和是否有效。其基本思想是通过验证被认证对象的属性来达到确认被认证对象是否真实有效的目的。被认证对象的属性可以是口令、问题解答或者指纹、声音等生理特征，常用的身份认证技术有口令、标记法和生物特征法。

（3）防火墙是一种将内部网和公众网与互联网分开的方法，它能限制被保护的网络与互联网络之间或者与其他网络之间进行的信息根据企业的安全策略控制出入网络的信息流，且本身具有较强的抗攻击能力。它是提供信息安全服务，实现网络和信息安全的基础设施。它是电子商务中最常用的设备。

（4）虚拟专用网是用于互联网电子交易的一种专用网络，它可以在两个系统之间建立安全的通道，非常适合于电子数据交换。在虚拟专用网中交易双方比较熟悉，而且彼此之间的数据通信量很大。只要交易双方取得一致，在虚拟专用网中就可以使用比较复杂的专用加密和认证技术，这样就可以大大提高电子商务的安全性。VPN 可以支持数据、语音及图像业务，其优点是经济、便于管理、方便快捷地适应变化，但也存在安全性低，容易受到攻击等问题。

三、电子商务安全

（一）电子商务的主要安全问题

对合法用户的身份冒充。攻击者通过非法手段盗用合法用户的身份信息，仿冒合法用户的身份与他人进行交易，从而获得非法利益。

对信息的窃取。攻击者在网络的传输信道上，通过物理或逻辑的手段，对数据进行非法的截获与监听，从而得到通信中敏感的信息。如典型的"虚拟盗窃"能从互联网上窃取那些粗心用户的信用卡账号，还能以欺骗的手法进行产品交易，甚至能洗黑钱。

对信息的篡改。攻击者有可能对网络上的信息进行截获后篡改其内容，如修改消息次序、时间，注入伪造消息等，从而使信息失去真实性和完整性。

拒绝服务。攻击者使合法接入的信息、业务或其他资源受阻。

对发出的信息予以否认。某些用户可能对自己发出的信息进行恶意的否认，以推卸自己应承担的责任。

信用威胁。交易者否认参加过交易，如买方提交订单后不付款，或者输入虚假银行资料使卖方不能提款；用户付款后，卖方没有把商品发送到客户手中，使客户蒙受损失。

电脑病毒。电脑病毒问世十几年来，各种新型病毒及其变种迅速增加，互联网的出现又为病毒的传播提供了最好媒介。不少新病毒直接利用网络作为自己的传播途径，还有众多病毒借助于网络传播得更快，动辄造成数百亿美元的经济损失，如 CIH 病毒的爆发几乎在瞬间给网络上数以万计的计算机以沉重打击。

（二）电子商务的主要安全威胁

由于互联网早期构建时并未考虑到以后的商业应用，因此使用了 TCP／IP 协议及源码开放与共享策略，为后来的商业应用带来了一系列的安全隐患。在电子商务过程中，买卖双方是通过网络来联系，因而建立交易双方的安全和信任关系相当困难。电子商务交易双方都面临安全威胁。

1.卖方面临的安全威胁

一是中央系统的安全性被破坏。入侵者假冒成合法用户来改变用户数据、解除用户订单或生成虚假订单。二是竞争者检索商品递送状况。恶意竞争者以他人的名义来订购商品，从而了解有关商品的递送状况和货物的库存情况。三是客户资料被竞争者获悉。四是被他人假冒而损害公司的信誉。不诚实的人建立与销售者服务器名字相同的另一个 www 服务器来假冒销售者。五是买方提交订单后不付款。六是虚假订单。

2. 买方面临的主要安全威胁

一是虚假订单。一个假冒者可能会以客户的名字来订购商品，而且有可能收到商品，而被假冒的合法客户却被要求付款或返还商品。二是付款后不能收到商品。在要求客户付款后，销售商中的内部人员不将订单和钱转发给执行部门，因而使客户不能收到商品。三是机密性丧失。客户有可能将秘密的个人数据或自己的身份数据发送给冒充销售商的机构，这些信息也可能会在传递过程中被窃取。四是拒绝服务。攻击者可能向销售商的服务器发送大量的虚假订单来挤占它的资源，从而使合法用户不能得到正常的服务。

（三）电子商务的主要安全技术

1. 电子商务的安全技术

互联网已经日渐融入人类社会各个方面，网络防护与网络攻击之间的斗争也将更加激烈，这就对安全技术提出了更高的要求。安全技术是电子商务安全体系中的基本策略，是伴随着安全问题的诞生而出现的，安全技术从不同层次极大地加强了计算机网络的整体安全性。要加强电子商务的安全，需要企业本身采取更为严格的管理措施，需要国家建立健全法律制度，更需要有科学的先进的安全技术。安全问题是电子商务发展的核心和关键问题，安全技术是解决安全问题保证电子商务健康有序发展的关键因素。

2. 商务交易安全技术

一是加密技术。加密技术是电子商务安全的一项基本技术，它是认证技术的基础。采用加密技术对信息进行加密，是常见的安全手段。加密技术是一种主动的信息安全防范措施，其原理是利用一定的加密算法，将明文转换成为无意义的密文，阻止非法用户理解原始数据，从而确保数据的保密性。目前，在电子商务中，获得广泛应用的两种加密技术是对称密钥加密体制（私钥加密体制）和非对称密钥加密体制（公钥加密体制）。它们的主要区别在于所使用的加密和解密的密码是否相同。二是安全认证技术。该技术主要有数字摘要、数字信封、数字签名、数字时间戳、数字证书等。①数字摘要。数字摘要是采用单向 Hash 函数对文件中若干重要元素进行某种变换运算得到固定长度的摘要码（数字指纹 Finger Print），并在传输信息时将之加入文件一同送给接收方，接收方收到文件后，用相同的方法进行变换运算，若得到的结果与发送来的摘要码相同，则可断定文件未被篡改，反之亦然。②数字信封。数字信封是用加密技术来保证只有规定的特定收信人才能阅读信的内容。在数字信封中，信息发送方采用对称密钥来加密信息，然后将此对称密钥用接收方的公开密钥来加密（这部分称为数字信封）之后，将它和信息一起发送给接收方、接收方先用相应的私有密钥打开数字信封，得到对称密钥，然后使用对称密钥解开信息。这种技术的安全性相当高。③数字签名。把 HASH 函数和公钥算法结合起来，可以在提供数据完整性的同时，也可以保证数据的真实性。完整性保证传输的数据没有被修改，而真实性则保证是由确定的合法者产生的 HASH，而不是由其他人假冒。而把这两种机制结合起来就可以产生所谓的数字签名。④数字时间戳。交易文件中，时间是十分重要的信息。在书面合同中，文件签署的日期和签名一样均是十分重要的，是防止文件被伪造和篡改的关键性内容。而在电子交易中，同样需对交易文件的日期和时间信息采取安全措施，而数字时间戳服务就能提供电子文件发表时间的安全保护。数字时间戳服务是网络安全服务项目，由专门的机构提供。⑤数字证书。在交易支付过程中，参与各方必须利用认证中心签发的数字证书来证明各自的身份。所谓数字证书，就是用电子手段来证实一个用户的身份及用户对网络资源的访问权限。在网上电子交易中，如果双方出示了各自的数字证书，并用它来进行交易操作，那么双方都可不必为对方身份的真伪担心。

（四）电子商务安全的防范对策

1. 电子商务的安全性策略

电子商务安全技术保障策略。安全技术保障技术是电子商务安全体系中的基本策略，目前相关的信息安全技术与专门的电子商务安全技术研究比较普遍和成熟。电子商务中常用到的安全技术有密码技术、身份验证技术、访问控制技术、防火墙技术。

企业电子商务安全运营管理制度保障策略。企业电子商务安全运营管理制度是用文字形式对各项安全要求所做的规定，是保证企业取得电子商务成功的基础，是企业电子商务人员工作的规范和准则。这些制度主要包括人员管理制度、保密制度、跟踪审计制度、系统维护制度、数据备份制度等。

电子商务立法策略。一是立法目的。电子商务安全立法的目的主要是消除电子商务发展的法律障碍；消除现有法律适用上的不确定性，保护合理的商业行为，保障电子交易安全；建立一个清晰的法律框架以统一调整电子商务的健康发展。二是立法范围。电子商务安全方面需要的法律法规主要有市场准入制度、合同有效认证办法、电子支付系统安全措施、信息保密防范办法、知识产权侵权处理规定以及广告的管制、网络信息内容过滤等。三是立法途径。电子商务法律仍然是调整社会关系，所以应当继承传统立法的合理内核，尤其是基础价值观。具体的立法途径主要是两种，一是制定新的法律规范，二是修改或重新解释既定的法律规范。

政府监督管理策略。电子商务本质是一种市场运作模式，市场正常健康有序地发展，必须有政府宏观上的监督与管理，以协调和规范各市场主体的行为，宏观监督与管理电子商务运行中的安全保障体系。政府监督管理主要体现在计算机信息系统安全管理、网络广告和网络服务业管理、认证机构管理、加强社会信用道德建设。

2.防范电子商务安全问题的对策

电子商务的安全问题涉及电子商务的各个环节和参加交易的各个方面，解决电子商务的安全问题是一个系统工程和社会问题，需全社会参与，可以从以下几个方面对电子商务安全问题进行防范。

（1）构建电子商务信息安全技术框架体系。在电子商务的交易中，电子商务的安全性主要是网络安全和交易信息的安全。而网络安全是指网络操作系统对抗网络攻击、病毒，使网络系统连续稳定的运行，常用的保护措施有防火墙技术。交易信息的安全是指保护交易双方不被破坏、不泄密和交易双方身份的确认，可以用信息加密技术、数字证书和认证技术、SSL安全协议、SET等技术来保护。

（2）积极推进电子商务立法。我国政府要加强对电子商务的研究，要加快立法进程，健全电子商务法律体系，建立规范电子商务的灵活法律框架，使电子商务实现公开、合理、合法化。这样不仅可保障电子商务各方面的利益，还可保障电子商务的顺利进行。

由于在电子商务的交易过程中，安全问题涉及电子商务的各个环节和参加交易的各个方面，因此需要采取不同的对策来解决。另外，交易过程除涉及交易双方外，还涉及网上银行、认证中心和法律等各方面的问题，因此电子商务安全问题的解决是一个系统工程。

四、电子支付安全

（一）电子商务信息安全管理

要实现电子商务系统安全，仅有技术上的安全是不行的。首先必须制定一套完备的网络安全管理条例，才能从根本上杜绝不安全事件的发生。就像人们常讲的先要从体制上抓起，可以建立以下的安全管理制度。

1.提高对网络信息安全重要性的认识

信息技术的发展，使网络逐渐渗透到社会各个领域，在未来的军事和经济竞争与对抗中，因网络的崩溃而造成全部或局部的失败，绝非不可能。在思想上要把信息资源共享与信息安全防护有机统一起来，树立维护信息安全就是保生存、促发展的观念。

2.开展网络安全立法和执法

一是要加快立法进程，健全法律体系。自1973年世界上第一部保护计算机安全法问世以来，各国与有关国际组织相继制定了一系列的网络安全法规。我国也陆续颁布了很多网络安全法规。这些法规对维护网络安全发挥了重要作用，但不健全之处还有许多。一是应该结合我国实际，吸取和借鉴国外网络信息安全立法的先进经验，对现行法律体系进行修改与补充，使法律体系更加科学和完善。二是要执法必严，违法必究。要建立有利于信息安全案件诉讼与公、检、法机关办案制度，提高执法的效率和质量。

3. 抓紧网络安全基础设施建设

一个网络信息系统，不管其设置多少道防火墙，加了多少级保护或密码，只要其芯片、中央处理器等计算机的核心部件以及所使用的软件是别人设计生产的，就没有安全可言。这正是我国网络信息安全的致命弱点。国民经济要害部门的基础设施要通过建设一系列的信息安全基础设施来实现。为此，需要建立中国的公开密钥基础设施、信息安全产品检测评估基础设施、应急响应处理基础设施等。

4. 把好网络建设立项关

我国网络建设立项时的安全评估工作没有得到应有重视，这给网络安全问题埋下了伏笔。在对网络的开放性、适应性、成熟性、先进性、灵活性、易操作性、可扩充性综合把关的同时，在立项时更应注重对网络的可靠性、安全性的评估，力争将安全隐患杜绝于立项、决策阶段。

5. 注重网络建设的规范化

没有统一的技术规范，局部性的网络就不能互连、互通、互动，没有技术规范也难以形成网络安全产业规模。目前，国际上出现许多关于网络安全的技术规范、技术标准，目的就是要在统一的网络环境中保证信息的绝对安全。我们应从这种趋势中得到启示，在同国际接轨的同时，拿出既符合国情又顺应国际潮流的技术规范。

（二）电子商务信息安全协议

1. 安全套接层协议

SSL 协议的整个概念可以被总结为：一个保证任何安装了安全套接层的客户和服务器之间事务安全的协议，该协议向基于 TCP／IP 的客户／服务器应用程序提供了客户端与服务的鉴别、数据完整性及信息机密性等安全措施。SSL 安全协议主要提供三个方面的服务。

（1）用户和服务器的合法性保证，使得用户与服务器能够确信数据将被发送到正确的客户机和服务器上。客户机与服务器都有各自的识别号，由公开密钥编排。为了验证用户，安全套接层协议要求在交换数据中做数字认证，以此来确保用户的合法性。

（2）加密数据以隐藏被传递的数据。安全套接层协议采用的加密技术既有对称密钥，也有公开密钥，在客户机和服务器交换数据之前，先交换 SSL 初始握手信息。在 SSL 握手信息中采用了各种加密技术，以保证其机密性与数据的完整性，并且经数字证书鉴别。

（3）维护数据的完整性。安全套接层协议采用 Hash 函数和机密共享的方法来提供完整的信息服务，建立客户机与服务器之间的安全通道，使所有经过安全套接层协议处理的业务能全部准确无误地到达目的地。

2.安全电子交易公告

安全电子交易公告是为在线交易设立的一个开放的、以电子货币为基础的电子付款系统规范。SET 在保留对客户信用卡认证的前提下，又增加了对商家身份的认证。

SET 是全球网络的工业标准。SET 安全协议的主要对象包括一是消费者（包括个人和团体），按照在线商店的要求填写订货单，用发卡银行的信用卡付款。二是在线商店，提供商品或服务，具备使用相应电子货币的条件。三是收单银行，通过支付网关处理消费者与在线商店之间的交易付款。四是电子货币发行公司以及某些兼有电子货币发行的银行，负责处理智能卡的审核和支付。五是认证中心，负责确认交易对方的身份和信誉度，以及对消费者的支付手段认证。六是加密算法的应用，证书信息与对象格式，购买信息和对象格式，认可信息与对象格式。

3.SET 协议的目标

一是保证电子商务参与者信息的相应隔离。二是保证信息在互联网上安全传输，防止数据被黑客或被内部人员窃取。三是解决多方认证问题。四是保证网上交易的实时性，使所有的支付过程都是在线的。五是效仿 BDZ 贸易的形式、规范协议和消息格式，促使不同厂家开发的软件具有兼容性与交互操作功能，并且可以运行在不同的硬件和操作系统平台上。

（三）电子商务电子支付风险

1.电子支付安全

从理论上讲，网上支付有很多优点，如便捷、高效、安全等。目前，我国电子商务公司大都采用"网上交易、网下支付"的方式。先在网上进行商品信息查询，确定价格，进行订货，而后采用传统的脱机方式付款，如货到付款、银行转账、邮局汇款等，虽然这种方式比较安全和容易接受，但损害了电子商务的方便性和时效性的真正含义。

网上支付实际上已经成为发展电子商务的主要瓶颈。除商家和客户还不习惯用电子货币消费外，原因关键是我国的网上支付业务很落后，网上支付的效率还很低，确认支付的时间较长，网上支付收取上网费用和管理费用过高，对网上支付有种种限制，如金额限制、地域限制等。而最重要的是网上支付的安全性问题、信誉问题得不到保障。网上支付的安全性是人们最关心的问题。

2.电子商务交易的风险

电子商务交易过程是在开放的网络环境下，利用信息平台完成传统的交易环节和过程。电子商务的发展与应用，使企业在扩大产品宣传、增进沟通和交易机会、减少交易环节、降低交易成本方面发挥了巨大作用。但由于网络的虚拟性，交易各方非面对面的交易特征，电子支付手段的安全性，使参与电子商务交易的各方（销售方和购买方）都面临不同形式和不同程度的安全威胁。

在互联网络环境下从事电子商务，可能的风险归结为三类，即信用风险、管理风险和法律风险，其中管理风险表现为交易流程管理风险及业务技术管理风险。例如，交易管理和手段的不完善，网络技术如支付技术的安全性、数据存储的安全性、远程传输的安全性等。而法律风险则表现为对市场交易环境和主体的制度约束，包括各种围绕企业和服务者权益的法律制度的建立和相关制度的健全性，会产生如隐私风险、知识产权风险等，以上两类风险均体现了对 B2B 交易模式中活动主体（企业和企业）交易风险产生的外部约束，故笔者称其为交易风险外在因素，而信用风险则指由于交易双方信任的缺失造成的交易障碍，主要分为卖方信用风险、买方信用风险和否认交易风险，这种信任的缺失主要发生在充满不确定性和风险的环境中，网络交易环境的虚拟性，使得信任在网络交易过程中所起的作用超过了它在传统交易活动中所起的作用，企业对于交易双方的真实性更难判断。由于该类风险往往表现出与交易主体行为选择、心理、道德的关联特征，在本节中称其为交易主体风险产生的内在因素。

（1）信息不对称引发交易风险内在因素。市场经济有效性的基本观点认为，市场中的信息完全透明化，而现实网络交易市场中，交易场所的网络化、交易手段的电子化以及交易信息的无纸化、交易主体之间存在严重的信息不对称，对于大多数交易来说，交易信息很难把握或得到，交易前信息的不完全、交易中的价值损失以及道德风险均使得电子商务交易过程存在大量风险。

经济博弈论特别指出，在商品市场交易中，只有商品信息传递的完全性和交易方的守信行为会使双方的博弈过程得以重复，同时通过竞争使得买卖双方增加了选择余地，守信的伙伴会替代旧的失信者，从而压缩了失信者再博弈的空间；电子商务交易中存在的信息非确定性和信用风险不仅使得未违约的交易方未购得商品或变现需再次交易，造成已交钱未得到商品或因市场价格变化不利而带来企业的价值损失，同时又会影响再次网上交易的信任和激发水平。

市场交易的良性循环使得交易双方获得更多的交易机会并从中获得更多的企业剩余，交易双方的诚信和欺诈行为是影响交易主体选择和交易重复发生的重要因素。因此，市场经济的竞争性与市场交易的重复性是建立合作均衡的基本条件。信息的不对称需要引发和创造更高的市场信用机制来降低信用风险，从而创造交易双方可重复的交易行为，进而创造长期稳定的获利机会和博弈的均衡态势。

（2）交易风险外在因素对交易行为的影响。一是电子商务市场环境影响企业价格敏感度。决定一种产品或服务的需求价格弹性的关键性因素指企业对价格变化引发的需求变化。电子商务环境通过网络销售产品或服务，相对来说企业容易获得有关产品或服务的价格或产品质量的比较信息，获取信息的边际成本或便利性，会引起需求价格弹性提高，同时由于网上购物的便利性造成企业的需求价格弹性下降的变化，相对于传统购买行为，企业的价格敏感度呈现不确定的变化特征，网上企业的交易行为则表现出更易变动或不确定的特点。二是交易信用制度。传统的交易活动中，所涉及的交易风险可通过社会机制、法律机制和技术机制加以限制。例如，通过法律机制的建立，可以对违反合同的人加以惩罚，对诚实的一方给予补偿。通过社会规则和法律的相互作用，建立一个较为稳定的贸易环境，使贸易可在最低风险条件下进行。由信息不对称引起的信用风险，在网络环境中，由于网络的开放性、跨国界性以及技术资源限制、网络认证安全技术的待完善都在一定程度上限制了对信用风险制约的外部机制的建立。交易过程中的信用遵守与违约行为成为交易双方进行交易决策的随机行为。由于网络的虚拟性，交易双方并不见面，其交易完全通过网络进行，因此信息的真实可靠性受到特别的重视。而目前信息的真实性、客户身份的合法性、支付信息的完整性、支付信息的不可否认性、整个网上交易的合法性等都无章可循、无法可依，特别是安全认证问题和网上支付的安全性还不能够完全消除人们的疑虑，将严重制约电子商务的正常发展。因此，解决网上交易、结算中的安全问题是建立电子商务各主体间的信任的关键，只有具备足够高的安全性、可靠性的电子商务系统才能赢得客户的信赖和欢迎。

（四）电子商务信用体系的建立

对比 B2B 的电子商务模式与国际贸易，可以发现它们有许多共同之处：寻找生意伙伴、发盘签约、生产、装运、检查、收款等一系列的程序都需要第三方的存在，才能很好地完成整个交易，实现交易的风险控制。电子商务是信息技术推动下的新型贸易形式，虽然它也应该是商务的一种，但其特殊性是显然存在的，可能派生出专门为企业的电子商务服务的信用机构，为参加交易的双方提供相应的服务，来降低交易风险。其实，这将是一个新的信用体系，这里具体地分析如何建立它。

信用体系的参加者。对 B2B 的电子商务而言，完成交易将涉及交易双方、电子商务网站、第三方物流配送公司、银行及其他机构如商检、保险等，每个参与者都需要承担一定的信用责任。但从传统贸易过程来看，它们的信用关系过于复杂，并没有特别为电子商务而设计的行为标准。

信用体系架构。如果我们把 B2B 电子商务交易过程中，交易双方及物流配送公司看成是交易主体，而把其他方面看成是信用体系中的相关角色，可以更方便地分析信用体系架构。信用问题的相关方面如下。一是信息发布发布和确认交易信息保证发布信息的正确性电子商务网站；二是交易确认签订交易合同保证合同被确认和不可撤销电子商务认证中；三是信用确认确定买方的支付信用和卖方的履约信用执行合同前的信用保证银行、公证机构；四是合同执行卖方履约及货物配送保证货物质量及正确运输商检、保险；五是货款支付买方收货支付保证买方验收后及时付款商检、银行税款缴付按国家税法纳税保证国家税收的安全和及时银行、商务认证中心。

电子商务信用体系的技术保证。电子商务的基础是建立在互联网上的，交易资料的传递、验证，都离不开商务网站或商务认证中心，这些机构的信息系统，必须要做到万无一失，保证任何交易均处于监察状态。因此，要求有非常高的技术保证措施，如引进国际和国内先进的安全技术措施来建设这一认证中心。建议采用国际标准的SSL协议。实现客户身份认证和交易信息在互联网上的加密传输。确保客户的交易在一个安全的传输通道中进行传输，包括各种购买中重要文书、单据和最后付款信用卡信息传输的安全、畅通。

商务认证中心的信息系统应该具有信息分隔、强行访问控制、最小权限、实时报警、口令管理和登录限制等特点来保证认证系统的安全、可信、难以攻破的 Web 站点。

电子商务信用的体系保证。从前面的分析中我们知道，B2B 的电子商务环境中，交易双方从信息发布、交易确认到生产交付、货物验收都可能在异地进行，没有第三方的信用保证，几乎不可想象能完成交易。它需要银行、商检和商务认证中心的联合工作，才能建立起比较完善的信用体系。完善的金融制度，方便、可靠、安全的支付手段和完整的个人、企业信用信息档案资料也是电子商务顺利发展的基本条件。不难看出，影响我国电子商务发展的不单是网络带宽的狭窄、上网费用的昂贵、人才的不足以及配送的滞后，更重要的原因来自信用制度不健全。因此，我们应该加大金融改革力度、建立信用制度、健全法制，为我国电子商务的发展创造有利的发展环境。

在理论上纯粹 B2B 的电子商务与国际贸易一样，必须有第三方的参与才能建立起相应的信用体系，保证交易的正常进行。为交易双方提供信用保证，监督交易的执行。银行和商检是已经存在的职能机构，而商务认证中心是因电子商务的发展需要而产生的，无论是建立国家的职能机构，还是产生公证机构来扮演这个角色，都需要从理论上多加探讨。当然，建立电子商务的信用体系也离不开应用一切可能的先进技术。

第五节　农村电子商务现代物流

一、现代物流的一般概念

（一）物流

简单说就是物品从供应地向接受地的实体流动。它是指为了满足客户的需要，以最低的成本，通过运输、保管、配送等方式，实现原材料、半成品、成品及相关信息由商品的产地到商品的消费地所进行的计划、实施和管理的全过程。物流构成：商品的运输、配送、仓储、包装、搬运装卸、流通加工，以及相关的物流信息等环节。物流业统计范围包括：作为物流产品供给方的铁路运输、铁路运输辅助活动、道路货物运输、道路运输辅助活动、水上货物运输、水上运输辅助活动、航空客货运输、航空运输辅助活动、管道运输业、装卸搬运、运输代理服务、谷物、棉花等农产品仓储、其他仓储、国家邮政、其他寄送服务业等的法人单位和个体经营户，以及作为物流产品需求方的农业、工业、建筑业、批发和零售业的法人单位和个体经营户。

物流活动的具体内容包括以下几个方面：用户服务、需求预测、订单处理、配送、存货控制、运输、仓库管理、工厂和仓库的布局与选址、搬运装卸、采购、包装、情报信息。

（二）现代物流

现代物流不仅单纯地考虑从生产者到消费者的货物配送问题，而且考虑从供应商到生产者对原材料的采购，以及生产者本身在产品制造过程中的运输、保管和信息等各个方面，全面地、综合性地提高经济效益和效率的问题。因此，现代物流是以满足消费者的需求为目标，把制造、运输、销售等市场情况统一起来考虑的一种战略措施。这与传统物流把它仅看作是"后勤保障系统"和"销售活动中起桥梁作用"的概念相比，在深度和广度上又有了进一步含义。

在电子商务时代，全球物流产业有了新的发展趋势。现代物流服务的核心目标是在物流全过程中以最小的综合成本来满足顾客的需求。

现代物流具有以下几个特点：电子商务与物流的紧密结合；现代物流是物流、信息流、资金流和人才流的统一；电子商务物流是信息化、自动化、网络化、智能化、柔性化的结合；物流设施、商品包装的标准化，物流的社会化、共同化也都是电子商务下物流模式的新特点。

电子商务的不断发展使物流行业重新崛起，目前美国的物流业所提供的服务内容已远远超过了仓储、分拨和运送等服务。物流公司提供的仓储、分拨设施、维修服务、电子跟踪和其他具有附加值的服务日益增加。物流服务商正在变为客户服务中心、加工和维修中心、信息处理中心和金融中心，根据顾客需要而增加新的服务是一个不断发展的观念。

相对于发达国家的物流产业而言，中国的物流产业尚处于起步发展阶段，其发展主要特点如下：一是企业物流仍然是全社会物流活动的重点，专业化物流服务需求已初露端倪，这说明我国物流活动的发展水平还比较低，加强企业内部物流管理仍然是全社会物流活动的重点。二是专业化物流企业开始涌现，多样化物流服务有一定程度的发展。走出以企业自我服务为主的物流活动模式，发展第三方物流，已是中国物流业发展的当务之急。

（三）电子商务物流

曾有流行的一句广告语"呼机、手机、商务通，一个不能少"，对电子商务来说，则是"信息流、货币流、物流，一个都不能少"。就在电子商务不断为现代商家们洗脑的同时，人们已经意识到物流对电子商务意味着什么，电子商务物流的概念也开始受人重视了。什么是电子商务物流？电子商务物流有什么特征？因为没有现成的模式和经验可循，所以大家都是在"摸着石头过河"。但有一点不必怀疑，即电子商务物流还要从传统物流做起。目前国内外的各种物流配送虽然大都跨越了简单送货上门的阶段，但在层次上仍是传统意义上的物流配送，因此在经营中存在着传统物流配送无法克服的种种弊端和问题，尚不具备或基本不具备信息化、现代化、社会化的新型物流配送的特征。

电子商务作为数字化生存方式，代表未来的贸易方式、消费方式和服务方式。因此要求整体生态环境要完善，要求打破原有物流行业的传统格局，建设和发展以商品代理和配送为主要特征，物流、商流、信息流有机结合的社会化物流配送中心，建立电子商务物流体系，使各种"流"畅通无阻，才是最佳的电子商务境界。

（四）虚拟物流

虚拟物流是指以计算机网络技术进行物流运作与管理，实现企业间物流资源共享和优化配置的物流方式。

虚拟物流最初的应用是为了满足高价值、小体积的货物要求，如航空货物、医疗器械和汽车零部件等。特别是中小企业在大的竞争对手面前经常处于不利地位，它们从自己的物流活动中不但无法获取规模效益，还会加大物流成本的消耗。虚拟物流可以使这些小企业的物流活动并入一个大的物流系统中，从而实现在较大规模物流中降低成本，提高效益。

虚拟物流的要素包括：一是虚拟物流组织，它可以使物流活动更具市场竞争的适应力和赢利能力。二是虚拟物流储备，它可以通过集中储备、调度储备以降低成本。三是虚拟物流配送，它可以使供应商通过最接近需求点的产品，并运用遥控运输资源实现交货；四是虚拟物流服务，它可以提供一项虚拟服务降低固定成本。

（五）第三方物流

所谓第三方物流是指生产经营企业为集中精力搞好主业，把原来属于自己处理的物流活动，以合同方式委托给专业物流服务企业，同时通过信息系统与物流服务企业保持密切联系，以达到对物流全程的管理和控制的一种物流运作与管理方式。因此第三方物流又叫合同制物流。

提供第三方物流服务的企业，其前身一般是运输业、仓储业等从事物流活动及相关行业。从事第三方物流的企业在委托方物流需求推动下，从简单的存储、运输等单项活动转为提供全面的物流服务，其中包括物流活动的组织、协调和管理、设计建议最优物流方案、物流全程的信息搜集、管理等。目前第三方物流的概念已广泛地被西方流通行业所接受。

（六）第四方物流

第四方物流是一个供应链的集成商，是供需双方及第三方的领导力量。它不是物流的利益方，而是通过拥有的信息技术、整合能力以及其他资源提供一套完整的供应链解决方案，以此获取一定的利润。它是帮助企业实现降低成本和有效整合资源，并且依靠优秀的第三方物流供应商、技术供应商、管理咨询以及其他增值服务商，为客户提供独特的供应链解决方案。

第四方物流同第三方物流相比，其服务的内容更多，覆盖的地区更广，对从事货运物流服务的公司要求更高，要求它们必须开拓新的服务领域，提供更多的增值服务。第四方物流最大的优越性是它能保证产品得以"更快、更好、更廉"地送到需求者手中。当今经济形式下，货主、托运人越来越追求供应链的全球一体化以适应跨国经营的需要，跨国公司由于要集中精力于其核心业务因而必须更多地依赖于物流外包。基于此，它们不只是在操作层面上进行外协，而且在战略层面上也需要借助外界的力量，昼夜都能得到"更快、更好、更廉"的物流服务。

（七）特快专递业务

特快专递业务，是指从事快件运输的专业速递公司与航空公司合作，以最快速度在发件人—机场—收件人之间递送急件。

由此可见，特快专递业务的性质和运输方式与普通航空货运基本上是一致的，可以视为航空货运的延续。实际上，大多数航空货运代理公司都经营快递业务，即我们所谓的空运普货门到门服务。许多专门从事快递业务的公司也是从航空货运代理公司派生出来的。以前从事航空货运机场自提；现在，委托当地同行代理互为派送。这是市场的需求，也是货运发展的必然趋势。到目前出现的第三方物流，直至最领先的所谓第四方物流概念，都说明了这一点。

特快专递或航空快运的主要运作形式是门到门或称桌到桌服务。即由速递公司派人上门取件，送至机场委托航空公司空运，货到目的港机场后，由当地速递公司（或代理）提货，派送到收件人手中。

（八）电子供应链

电子供应链通过集中协调不同企业的关键数据，如订货、预测、库存状态、缺货状况、生产计划、运输安排、在途物资、销售分析、资金结算等数据，便于管理人员迅速、准确地获得各种信息。并充分利用电子数据交换、互联网等技术手段，实现供需链上的信息集成，达到共享采购订单的电子接收与发送、多位置库存自动化处理和控制、批量和系列号跟踪、周期盘点等重要信息。

功能：提高企业对市场需求信息反应的准确性与响应速度，协调降低供应链的总体成本，使供应链的节点企业共同获利。

二、电子商务与现代物流

（一）现代物流与传统物流的区别

传统物流一般指产品出厂后的包装、运输、装卸、仓储，而现代物流提出了物流系统化或叫总体物流、综合物流管理的概念，并付诸实施。具体地说，就是使物流向两头延伸并加入新的内涵，使社会物流与企业物流有机结合在一起，从采购物流开始，经过生产物流，再进入销售物流；与此同时，要经过包装、运输、仓储、装卸、加工配送到达用户（消费者）手中，最后还有回收物流。可以这样讲，现代物流包含了产品从"生"到"死"的整个物理性的流通全过程。

传统物流与现代物流的区别主要表现在以下几个方面：一是传统物流只提供简单的位移，现代物流则提供增值服务；二是传统物流是被动服务，现代物流是主动服务；三是传统物流实行人工控制，现代物流实施信息管理；四是传统物流无统一服务标准，现代物流实施标准化服务；五是传统物流侧重点到点或线到线服务，现代物流构建全球服务网络；六是传统物流是单一环节的管理，现代物流是整体系统优化。

（二）电子商务与物流的关系

电子商务是20世纪信息化、网络化产物，虽然其自身的特点已广泛引起了人们的注意，但是人们对电子商务所涵盖的范围没有统一、规范的认识。仍如传统商务过程一样，电子商务中的任何一笔交易，都包含着以下几种基本的"流"，即信息流、商流、资金流和物流。

过去，人们对电子商务过程的认识往往只局限于信息流、商流和资金流的电子化、网络化，而忽视了物流的电子化过程，认为对于大多数商品和服务来说，物流仍然可以经由传统的经销渠道。但随着电子商务的进一步推广与应用，物流的重要性对电子商务活动的影响日益明显。试想，在电子商务下，消费者网上浏览后，通过轻松点击完成了网上购物，但所购货物迟迟不能送到手中，甚至出现了买电视机送茶叶的情况，其结果可想而知，消费者只能放弃电子商务，选择更为安全可靠的传统购物方式。

在电子商务中，一些电子出版物，如软件、CD等可以通过网络以电子的方式送给购买者，但绝大多数商品仍要通过各种方式完成从供应商到购买者的物流过程。我国许多网上商店由于解决不了物流问题，只好告诉购买者送货必须在一定的范围内，否则你就不要在我这里买了，电子商务的跨地域优势也就一点也没有了。我国的一些单位曾经组织了一次 72 小时的网上生存测验。测验中一个突出问题就是物流问题，尤其是费尽周折填好订单后漫长的等待，使电子商务的跨时域优势也丧失殆尽。此后的一次市场调查证实，人们最关注的热点问题是"物流"，再次使人们认识到物流在电子商务活动中的重要地位，认识到现代化的物流是电子商务活动中不可缺少的部分。

电子商务可以用下面的等式来表示：电子商务＝网上信息传递＋网上交易＋网上支付＋物流配送。一个完整的商务活动，必然要涉及信息流、商流、资金流和物流等四个流动过程。在一定意义上来说，物流不但是电子商务的重要组成部分，而且是信息流和资金流的基础和载体，物流还是电子商务优势正常发挥的基础。在电子商务模式下，商品生产和交换的全过程，都需要物流活动的支持，没有现代化的物流运作模式支持，没有一个高效的、合理的、畅通的物流系统，电子商务所具有的优势就难以发挥。物流同时支持了电子商务的快速发展。随着电子商务的不断扩大发展，对物流的需求越来越高，而作为实体流动的物流活动发展相对滞后，在某种程度上来说，物流成为电子商务发展的瓶颈，物流业直接影响着电子商务，物流业的发展壮大对电子商务的快速发展将会起到支撑的作用。

1. 电子商务为物流创造了一个虚拟性的运动空间

在电子商务状态下，人们在进行物流活动时，物流的各项职能及功能可以通过虚拟化的方式表现出来，在这种虚拟化过程当中，人们通过各种组合方式，寻求物流的合理化，使商品实体在实际的运动过程中，达到效率最高、费用最省、距离最短、时间最少的目的。电子商务可以对物流网络进行实时控制。在电子商务下，物流的运作是以信息为中心的，信息不仅决定了物流的运动方向，而且决定着物流的运作方式。在实际运作当中，网络的信息传递，可以有效地实现对物流的实施控制，从而实现物流的合理化管理。

2. 电子商务将改变物流企业对物流的组织和管理

在传统条件下，物流往往是从某一个企业进行组织和管理的，而电子商务则要求物流以社会的角度来实行系统的组织和管理，以打破传统物流分散的状态。这就要求企业在组织物流过程中，不仅考虑本企业的物流组织和管理，而且要考虑全社会的整体系统。

3. 电子商务将改变物流企业的竞争状态

在电子商务时代，物流企业之间依靠本企业提供优质服务、降低物流费用等方面来进行的竞争内容依然存在，但是有效性却大大降低了。原因在于电子商务需要一个全球性的物流系统来保证商品实体的合理流动，对一个企业来说，即使其规模再大，也是难以达到这一要求的，这就要求物流企业应相互联合起来，在竞争中形成一种协同合作的状态，以实现物流高效化、合理化和系统化。

4.电子商务促进物流基础设施的改善

电子商务高效率和全球性的特点，要求物流也必须达到这一目标。而物流要达到这一目标，良好的交通运输网络、通信网络等基础设施则是最基本的保证。除此之外，相关的法律条文、政策、观念等都要不断得到提高。

5.电子商务促进物流技术的进步

物流技术主要包括物流硬技术和软技术。物流技术水平的高低是实现物流效率高低的一个重要因素，要建立一个适合电子商务运作的高效率的物流系统，加快提高物流的技术水平有着重要的作用。

（三）网络时代物流的特点

由于电子商务的出现，加速了全球经济的一体化，致使企业的发展趋向多国化、全球化的模式。面对全球化激烈竞争的趋势，企业的战略对策之一是专注于自己所擅长的经营领域，力争在核心技术方面领先；而本企业不擅长的业务则分离出去，委托给在该领域有特长的、可信赖的合作伙伴。这种趋势为现在所谓的第三方物流、第四方物流的发展创造了条件。

这一方面最著名的例子是 DELL 计算机公司的经营模式，他们只做订货与最终组装，而将零部件的制造和物流系统运作委托给合作伙伴，通过供应链的管理与重组，有效减少了库存、缩短了生产周期，大大提高了竞争力。耐克鞋公司也有类似的方法，没有制鞋厂只做经营与产品设计，又如运输公司把烦琐的收费业务委托给卡片公司去管理等。企业注重核心技术的趋势使物流业务从生产企业分离，为物流企业带来良好机遇；物流企业也必须按照同一原则精心发展自己的业务、提高服务水平，确实保证委托方的利益并建立本企业的信誉。

（四）电子商务对现代物流的影响

在电子商务时代，物流业会越来越强，必须承担更重要的任务，既要把虚拟商店的货物送到用户手中，还要从生产企业及时进货入库。物流公司既是生产企业的仓库，又是用户的实物供应者。物流企业成了代表所有生产企业及供应商对用户的唯一最集中、最广泛的实物供应者。物流业成为社会生产链条的领导者和协调者，为社会提供全方位的物流服务。可见，电子商务对现代物流具有重大的影响，它把物流业提升到了前所未有的高度，为其提供了空前的发展机遇。

1.对现代物流系统结构的影响

由于网上客户可以直接面对制造商并获得个性化服务，故传统物流渠道中的批发商和零售商等中介将逐步淡出，但是区域销售代理将受制造商委托逐步加强其在渠道和地区性市场中的地位，作为制造商产品营销和服务功能的直接延伸。

由于网上时空的"零距离"特点与现实世界的反差增大，客户对产品的可得性心理预期加大，以致企业交货速度的压力变大。因此，物流系统中的港、站、库、配送中心、运输线路等设施的布局、结构和任务将面临较大的调整。在企业保留若干地区性仓库以后，更多的仓库将改造为配送中心。

由于存货的控制能力变强，物流系统中仓库的总数将减少。随着运管政策的逐步放宽，更多的独立承运人将为企业提供更加专业化的配送服务。配送的服务半径也将加大。

由于信息共享的即时性，使制造商在全球范围内进行资源配置成为可能，故其组织结构将趋于分散并逐步虚拟化。当然，这主要是那些拥有品牌的、产品在技术上已经实现功能模块化和质量标准化的企业。

大规模的电讯基础设施建设，将使那些能够在网上直接传输的有形产品的物流系统隐形化。这类产品主要包括书报、音乐、软件等，即已经数字化的产品的物流系统将逐步与网络系统重合，并最终被网络系统取代。

2. 对物料采购的影响

企业在网上寻找合适供应商，从理论上讲具有无限选择性。这种无限选择的可能性将导致市场竞争的加剧，并带来供货价格降低的好处。但是，所有企业都知道频繁地更换供应商，将增加资质认证的成本支出，并面临较大的采购风险。所以，从供应商的立场来看，作为应对竞争的必然对策，是积极地寻求与制造商建成稳定的渠道关系，并在技术、管理、服务等方面与制造商结成更稳固的战略联盟。同样，制造商也会从物流的理念出发来寻求与合格的供应商建立一体化供应链。作为利益交换条件，制造商和供应商之间将在更大的范围内和更深的层次上实现信息资源共享。事实上，电子商务对物料采购成本的降低，主要体现在诸如缩短订货周期、减少文案和单证、减少差错和降低价格等方面。因此，虚拟空间的无限选择性将被现实市场的有限物流系统即一体化供应链所覆盖。

3. 对客户服务的影响

要求实现客户服务的个性化，只有当企业对客户需求的响应实现了某种程度的个性化对称时，企业才能获得更多商机。这就要求企业网站的主页设计要个性化，要针对特定客户群体；要求根据客户需求的变化进行不同的服务营销组合，实现企业经营的产品或服务的个性化；要求企业对客户追踪服务的个性化。网络时代客户需求的个性化增大了市场预测的离散度，故发现客户个性化服务需求的统计特征将主要依赖对客户资料的收集、统计、分析和追踪。虽然从技术层面讲并没有什么困难，但是要涉及文化的、心理的、法律的等诸多方面，因此建立客户档案并追踪服务本身，就是一项极富挑战性的工作。

4. 对运输的影响

在电子商务条件下，速度已上升为主要的竞争手段。物流系统要提高客户对产品的可得性水平，在仓库等设施布局确定的情况下，运输将是决定性的。由于运输活动的复杂性，运输信息共享的基本要求就是运输单证的格式标准化和传输电子化。为了实现货运全程的跟踪监控和回程货运的统筹安排，将要求在供应链内部使用标准密码，通过管理交易、翻译通信标准和减少通信连接数目来使供应链增值，从而在物流联盟企业之间建立稳定的制化渠道关系；要求物流系统在相关通信设施和信息处理系统方面进行先期的开发投资，如电子通关、条形码技术、在线货运信息系统、卫星跟踪系统等。

5. 对存货的影响

一般认为，由于电子商务增加了物流系统各环节对市场变化反应的灵敏度，可以减少库存，节约成本。相应的技术手段也由看板管理和物料需求计划等转向配送需求计划重新订货计划和自动补货计划等基于对需求信息做出快速反应的决策系统。但从物流的观点来看，这实际上是借助信息分配对存货在供应链中的总量进行了重新安排。存货在供应链中的总量是减少的，但结构上将沿供应链向下游企业移动。即经销商的库存向制造商转移，制造商的库存向供应商转移，成品的库存变成零部件的库存，而零部件库存将变成原材料库存等。

6. 对现代物流理念的影响

物流系统中的信息变成了整个供应链运营的环境基础。网络是平台，供应链是主体，电子商务是手段。信息环境对供应链的一体化起着控制和主导作用。

企业的竞争是以物流系统为依托的信息联盟或知识联盟的竞争，企业的市场竞争将更多地表现为以外联网为代表的企业联盟的竞争。物流系统的管理也从对有形资产存货的管理转为对无形资产信息或知识的管理。

物流系统面临的基本技术经济问题，在追求物流总成本最低的同时为客户提供个性化的服务，物流系统由供给推动变为需求拉动。

（五）发展电子商务物流对策

虽然说我国电子商务物流具有很好的发展前景，但机遇和挑战同在。随着我国加入 WTO，外国物流企业将涌入中国市场，这将给我国的物流业带来很大的竞争压力。能否形成完善的社会电子化物流体系将直接关系我国物流业在国际竞争中的胜败，也会影响我国网络企业在产品的价格、交货、服务等方面是否拥有竞争优势。为此，必须制定可行措施和有力对策，缩小与发展达国家物流业之间的差距，满足我国电子商务发展的需要。

1. 必须提高全社会对电子商务物流的认识

要把电子商务与电子商务物流放在一起进行宣传，电子商务是商业领域内的一次革命，而电子商务物流则是物流领域内的一次革命。要改变过去那种重商流、轻物流的思想，把物流提升到竞争战略的地位，注重社会电子化物流系统的发展。

2.国家与企业共同参与，共建电子化物流系统

形成全社会的电子化物流系统，需要政府和企业共同出资，政府要在高速公路、铁路、航空、信息网络等方面投入大量资金，以保证交通流和信息流的通畅，形成一个覆盖全社会的交通网络和信息网络，为发展电子商务物流提供良好的社会环境。物流企业要投资于现代物流技术，要通过信息网络和物流网络，为客户提供快捷的服务，提高竞争力。要吸引更多的制造企业和商业企业上网，通过上网提高企业的竞争力和盈利水平，促进电子商务的发展，从而促进电子商务物流的发展。

3.结合我国的实际情况，加强电子商务物流人才的培养

积极吸取别国物流管理研究的成果，向电子商务物流发达的国家学习，鼓励理论界和实务界研究电子商务物流中的难题，少走弯路，加快我国电子商务物流的发展步伐。电子商务物流人才是一种复合型的高级人才，这种人才既懂电子商务，又懂物流；既懂技术，又懂管理。加强对电子商务人才的培养力度，建立完善的电子商务物流培训和认证体系，实现高校教育与社会培训的相结合，在引进电子商务物流人才的同时，把有潜力的人才派出去学习深造。

4.第三方物流发展电子商务

电子商务的发展是未来的发展趋势，而电子商务发展的关键就在于物流。第三方物流发展电子商务有得天独厚的优势：第三方物流企业的物流设施力量雄厚，有一定的管理人才和管理经验，有遍布全国的物流渠道和物流网络，适应性强，能根据客观的经济需要提高物流技术，完成各项物流任务。电子商务集信息流、商流、资金流、物流四流于一身，第三方物流也一样。第三方物流企业具有物流网络上的优势，在达到一定规模后，随着其业务沿着主营业务向供应链上游或下游延伸，第三方物流企业转而进入网上购物的经营，有着相当的经营优势。因此，第三方物流完全有能力向更广阔的领域延伸，自行组建电子商务网站，突破时间、空间、地域的限制，向供应商采购商品，向用户销售商品和配送商品实行营业性交易。

5.组建物流联盟，共建企业的电子商务物流系统

对于已经开展普通商务的公司，可以建立基于互联网的电子商务销售系统；同时可以利用原有的物流资源，承担电子商务的物流业务。拥有完整流通渠道的制造商或经销商开展电子商务业务，比 ISP、ICP 或互联网站更加方便。从专业分工角度看，制造商的核心任务是商品开发、设计和制造，但越来越多的制造商不仅有庞大的销售网络，还有覆盖整个销售区域的物流配送网。制造企业的物流设施普遍比专业物流企业的物流设施先进，这些制造企业完全可以利用现有的物流网络和设施支持电子商务业务。

对于这些企业来讲，比投资更为重要的是物流系统的设计和物流资源的合理规划。而批发商和零售商应该比制造商更具有组织物流的优势，因为它们的主业就是流通。

因此，组建物流联盟是最合理发挥生产企业和专业物流企业的自身优势的一条捷径，在生产企业已有的物流设备的基础上，结合专业物流企业的物流理念和制度安排，共同建立企业的电子商务物流系统。

6.明确网站商店和商品配送企业的财产权利

要发展电子商务，势必要对财产权利规则做出相应的改变，即对参与电子商务活动的有关经营主体的权利重新界定，合理分配和确认网站商店和商品配送企业的财产权利。可以考虑的一个方案是由商品配送企业承担商品代理采购、代为库存，继而一块承担商品配送的责任。商品配送企业通常都拥有仓库、运力以及商品保护等物流系统的一般设施和相应能力，网站商店把商品采购、运输和库存等劳务全面委托给商品配送企业，可以充分利用对方的能力和优势。这样可以保持网站商店是最后向顾客销售商品的所有权人地位，但是在有关商品的实际占有、处置等方面，权利转移到商品配送企业，即实行了有关财产权利的分离。

电子商务作为一种商务活动过程，必将给现代物流业带来一场史无前例的革命，对现代物流业务管理活动产生巨大而深远的影响。对此，我们必须采取相应的对策，在促进现代物流发展的同时，也促进电子商务的发展。

三、现代物流的相关知识

（一）零库存

零库存是一种特殊的库存概念，零库存的含义是以仓库储存形式的某种或某些种物品的储存数量很低的一个概念，甚至可以为"零"，即不保持库存。不以库存形式存在就可以免去仓库存货的一系列问题，如仓库建设、管理费用，存货维护、保管、装卸、搬运等费用，存货占用流动资金及库存物的老化、损失、变质等问题。

零库存是对某个具体企业，具体商店、车间而言的，是在有充分社会储备保障前提下的一种特殊形式。零库存不是广义的概念，而是一个具体的概念。虽然现代科学技术和管理技术可以把零库存的控制区域，从一个车间延伸到一个工厂再延伸到相关的社会流通系统，但是在整个社会再生产的全过程中，零库存只能是一种理想，而不可能成为现实。没有社会储备的保障，没有供大于求的经济环境，微观经济领域的零库存也是很难实现的。

（二）电子标签产品种类

作为终极产品，电子标签不受"卡"的限制，形态材质也有多姿多彩的发展空间。其产品可分为标签类、注塑类和卡片类等三大类。

1.标签类

带自粘功能的标签，可以在生产线上由贴标机揭贴在箱、瓶等物品上，或手工粘在车窗（如出租车）上、证件（如大学学生证）上，也可以制成吊牌挂、系在物品上，用标签复合设备完成加工过程。产品结构由面层、芯片线路（INLAY）层、胶层、底层组成。面层可以用纸、PP、PET 做覆盖材料（印刷或不印刷）等多种材质作为产品的表面；芯片线路（INLAY）有多种尺寸、多种芯片、多种 EEPROM 容量，可按用户需求配置后定位在带胶面；胶层由双面胶式或涂胶式完成；底层有两种情况：一为离型纸（硅油纸），二为覆合层（按用户要求）。成品形态可以为卷料或单张。

2. 注塑类

可按应用不同采用各种塑料加工工艺，制成内含 Transponder 的筹码、钥匙牌、手表等异形产品。

3. 卡片类

卡片类又根据采用封装材质的不同，可分为 PVC 卡片和纸、PP 卡。其中，PVC 卡片相似于传统的制卡工艺即印刷、配 Transponder(INLAY)、层压、冲切。可以符合 ISO — 7810 卡片标准尺寸，也可按需加工成异形。纸、PP 卡则由专用设备完成，它在尺寸、外形、厚度上并不做限制。结构为面层（卡纸类）、Transponder(INLAY)层、底层（卡纸等）黏合而成。

（三）物流信息技术

运用于物流各环节中的信息技术。根据物流的功能以及特点，物流信息技术包括计算机技术、网络技术、信息分类编码技术、条码技术、射频识别技术、电子数据交换技术、全球定位系统（GPS）、地理信息系统（GIS）等。

物流信息技术是物流现代化的重要标志，也是物流技术中发展最快的领域，从数据采集的条形码系统到办公自动化系统中的微机、互联网，各种终端设备等硬件以及计算机软件都在日新月异地发展。同时，随着物流信息技术的不断发展，产生了一系列新的物流理念和新的物流经营方式，推进了物流变革。在供应链管理方面，物流信息技术的发展也改变了企业应用供应链管理获得竞争优势的方式，成功的企业通过应用信息技术来支持它的经营战略并选择它的经营业务。通过利用信息技术来提高供应链活动的效率性，增强整个供应链的经营决策能力。

（四）物流信息化的三层结构

关于物流的信息化跟物流本身的发展模式是一致的。在物流的规划里面，我们把整个物流业的发展分为三个层次。第一个层次是它的基础设施。第二个层次是它的服务平台，如交通运输、仓储、报关等，传统的这些物流的服务都要有一个标准化的低成本的、高效的服务平台，供各个产业区选择。第三个层次才是真正的物流个性化、定制化的服务。它必须建立在这两个平台之上。从本质上讲，物流的服务是非标准的，是个性化的，是定制的。但是必须要用到两个基础平台，这两个基础平台往往是要求标准的，要有充分的选择。

在这样一个物流三层结构的框架下，我们的信息化相应有三层要求。最底层对信息化是要有一些标准的编码、协议、网络等基础的设施建设。第二层是要有一些信息服务平台的要求，包括运营的平台、开发的平台、服务的平台。这都是围绕信息来讲的，信息的运行、信息系统的开发平台以及信息的服务平台。这样的一些平台建设也是信息化的重要内容。在第三个层次才是定制化的服务要求。这里面所要求的信息化的内容和目标，主要是要一些商业职能、知识管理、数据库的挖掘等等，是一些比较高层次的信息加工这些方面的任务。

（五）配送中心建立信息管理系统

为了满足物流信息的信息需求，配送中心应建立五个信息管理子系统：一是销售管理系统，其主要的职能是订单处理。如采取配销模式，还应包括客户管理系统、销售分析与预测系统、销售价格管理、应收款及退货处理等系统。二是采购管理系统，如果采取物流模式，其主要职能是接受进货及验收指令，如果是授权模式或配销模式，其主要工作是面对供货商的作业，包括供货商管理、采购决策、存货控制、采购价格管理、应付账款管理等系统。三是仓库管理系统，该系统包括储存管理、进出货管理、机械设备管理、分拣处理、流通加工、出货配送管理、货物追踪管理、运输调度计划等内容。四是财务会计系统，财务会计部门对销售管理系统和采购管理系统所传送来的应付、应收账款进行会计操作，同时对配送中心的整个业务与资金进行平衡、测算和分析，编制各业务经营财务报表，并与银行金融系统联网进行转账。五是辅助决策系统，除了获取内部各系统业务信息外，还需取得外部信息，并结合内部信息编制各种分析报告和建议报告，供配送中心的高层管理人员作为决策依据。

（六）电子商务环境下的逆向物流管理

在电子商务环境下讨论的逆向物流主要是指退货逆向物流，是指下游顾客将不符合其订单要求的产品退回给上游供应者的商品实体转移过程。随着电子商务的迅速发展，电子商务环境下的逆向物流已经成为一个不可忽视的问题。退货政策在网上销售时显得尤为重要，宽松的退货策略可以大大提高顾客的满意度，而在相同的退货政策下，便捷的退货流程就成为提高顾客服务质量的一个重要手段。

在传统的商品退货管理中，首先，顾客要通过电话同商家取得联系以确定商品是否符合退货要求。顾客通过电话联系商家咨询有关退货的政策，并向商家陈述商品出现的状况及退货理由。商家通常按照常规程序和经验向顾客询问问题，从中了解情况以做出判断。如果初步符合退货政策，商家要求顾客把产品寄回做进一步鉴定。然后，顾客按照商家的要求将商品连同原包装盒、说明书和其他附件一起寄回商家指定的地点。在此期间顾客只好默默等待处理结果。最后，经商家检验后给出处理结果。如果符合退货规定的，商家会按照政策给顾客退还货款；如果不符合退货规定的，商家还要再将商品寄还给顾客。

传统的退货管理存在以下问题：一是每件商品的处理周期过长（大约需要 10 天）。二是在整个处理过程中顾客不能及时了解到商品所处的状态（在途、在检验中、已退还等）。三是商品来回地邮寄过程浪费了大量的时间和金钱。

由于传统的退货处理方法存在许多问题，有人提出了一种雇用第三方退货管理中心的退货管理，其主要为从事 B2C 的在线商家提供退货服务。实际上也是将第三方退货管理公司的后台数据库与各个在线商家网站的前端系统集成起来加快退货处理的过程。具体包括以下步骤。

消费者首先登录在线商家的网站，输入所购商品的发票单据中的购买号，查看此类商品的退货标准，判断是否符合退货要求。如果符合，填写详细的退货申请表与在线商家联系，详细说明要求退货的商品情况，包括退货原因、退货方式的选择（退款方式或是换货方式）等。在线商家确认后将告知消费者就近的退货管理中心地点。

消费者携带商品和发票单据来到退货处理中心请求退货。处理中心的工作人员根据发票单据找出销售此商品的在线商家，并将发票单据中的购买号输入退货处理终端，终端中包含连接在线商家数据库的专有软件，终端自动地从在线商家下载退货商品的退货信息及商家的处理意见。工作人员只需认真检查商品是否与退货信息相一致即可。如果该商品不满足退货标准，工作人员只需在指定的位置点击"不一致"并填写不一致的信息即可。这时退货处理终端会自动生成一个在线商家给消费者的信件，该信件包括该商品不能退货的原因。如果经检查商品与退货信息一致，工作人员只需在指定位置点击"一致"，此时终端会自动从在线商家处下载一个退货商品授权号，并打印出一封带有授权号和处理方式的信件交给消费者。

在线商家接到"一致"的指令后，根据消费者填写的退货方式做进一步处理。如果是退款方式，在线商家就马上把款项转入消费者账户；如果是换货方式，在线商家将按照消费者留下的地址重新发货。

收到退货商品授权号后，退货管理中心的终端系统会自动生成并打印一个运输标签，该标签内容包括退货商品授权号，在线商家的运输账号和商品的其他相关信息，该标签上的地址根据商品退回的状况而设置，如果是完好的商品就退回在线商家，如果是有损坏的商品就退回给制造商。然后，工作人员将贴上标签的商品包裹寄出。

（七）电子商务概念模型的基本要素

电子商务概念模型是对现实世界中电子商务活动的一般抽象描述，它由电子商务实体、电子市场、交易事务和信息流、商流、资金流、物流等基本要素构成。在电子商务概念模型中，电子商务实体是指能够从事电子商务的客观对象，它可以是企业、银行、商店、政府机构和个人等。电子市场是指电子商务实体从事商品和服务交换的场所，它由各种各样的商务活动参与者，利用各种通信装置，通过网络连接成一个统一的整体。交易事务是指电子商务实体之间所从事的具体的商务活动的内容，如询价、报价、转账支付、广告宣传、商品运输等。

电子商务中的任何一笔交易，都包含着几种基本的"流"，即信息流、商流、资金流、物流。其中信息流既包括商品信息的提供、促销行销、技术支持、售后服务等内容，也包括诸如询价单、报价单、付款通知单、转账通知单等商业贸易单证，还包括交易方的支付能力、支付信誉等。商流是指商品在购、销之间进行交易和商品所有权转移的运动过程，具体是指商品交易的一系列活动。资金流主要是指资金的转移过程，包括付款、转账等过程。在电子商务下，以上三种流的处理都可以通过计算机和网络通信设备实现。物流，作为四流中最为特殊的一种，是指物质实体（商品或服务）的流动过程，具体指运输、储存、配送、装卸、保管、物流信息管理等各种活动。对于少数商品和服务来说，可以直接通过网络传输的方式进行配送，如各种电子出版物、信息咨询服务、有价信息软件等。而对于大多数商品和服务来说物流仍要经由物理方式传输，但由于一系列机械化、自动化工具的应用，准确、及时的物流信息对物流过程的监控，将使物流的流动速度加快、准确率提高，能有效地减少库存，缩短生产周期。在电子商务概念模型的建立过程中，强调信息流、商流、资金流和物流的整合。其中，信息流最为重要，它在一个更高的位置上实现对流通过程的监控。

（八）电子物流与三流之间无缝链接

电子物流是利用电子化的手段，尤其是利用互联网技术来完成物流全过程的协调、控制和管理，实现从网络前端到最终客户端的所有中间过程服务，最显著的特点是各种软件与物流服务的融合应用。电子物流的功能十分强大，它能够实现系统之间、企业之间以及资金流、物流、信息流之间的无缝链接，而且这种链接同时还具备预见功能，可以在上下游企业间提供一种透明的可视化功能帮助企业最大限度地控制和管理库存。同时，由于全面应用了客户关系管理、商业智能、计算机电话集成、地理信息系统、全球定位系统、互联网、无线互联网技术等先进的信息技术手段，以及配送优化调度、动态监控、智能交通、仓储优化配置等物流管理技术和物流模式电子物流提供了一套先进的、集成化的信息技术手段，从而为企业建立敏捷的供应链系统提供了强大的技术支持。

（九）电子物流的前端与后端服务

电子物流的主要特点是前端服务与后端服务的集成。目前许多经销商都面临着如何将前端的客户订单管理、客户关系管理与后端的库存管理、仓储管理、运输管理相结合的问题。例如，当顾客通过互联网下订单，需要物流系统能够迅速查询库存清单、查看货存状况，而这些信息又需要再实时地反馈给顾客。在整个过程中，订单管理系统需要密切的同仓储系统、库存管理系统协同工作。

为了实现后台服务以及其平行的服务功能，电子物流的前端服务是至关重要的。前端服务包括咨询服务（确认客户需求）、网站设计／管理、客户集成方案实施等。这部分功能是用户经常接触的。而电子物流的后端服务则包括以下五类主要业务：订单管理、仓储与分拨、运输与交付、退货管理、客户服务等。

1. 订单管理

此项业务包括接收订单、整理数据、订单确认、交易处理（包括信用卡结算及赊欠业务处理）等。在电子物流的订单管理业务活动中需要通过复杂的软件应用来处理复杂的业务环节，为了得到较高的效率，订单管理业务需要做以下工作：一是确认订单来源。当电子物流服务提供商接收到一份订单时，电子物流系统会自动识别该订单的来源以及下订单的方式，统计顾客是通过何种方式（电话、传真、电子邮件等）完成的订单。当一切工作结束后，系统还会自动根据库存清单检索订单上的货物目前是否有存货。二是支付处理。在顾客提交订单后，还需要输入有关支付信息，电子物流系统会自动处理信用卡业务以及赊欠账务。如果客户填写的支付信息有误，系统将及时通知顾客进行更改，或者选择其他合适的支付方式。三是订单确认与处理。当顾客的支付信息被处理之后，电子物流系统会为顾客发送订单确认信息。在这一切工作就绪之后，电子物流系统会对客户订单进行格式化，并发送到离客户最近的仓储中心。

2. 仓储与分拨

仓储与分拨中心主要有以下两方面任务：一是分拣。当仓储中心接收到订单后，就会根据订单内容承担起分拣、包装以及运输的任务。在这个阶段，有的电子物流服务提供商还会提供一些增值服务，如根据客户特殊需求对物品进行包装等。二是存货清单管理。仓储与分拨中心同时负责存货清单管理以及存货的补给工作，并由电子物流服务系统进行监测。这种服务将会为制造商提供有效的库存管理信息、使制造商或经销商保持合理的库存。

3. 运输与支付

这一步骤包括对运输的全程管理，具体包括处理运输需求、设计运输路线、运输的实施等。这个过程同时还包括向客户提供通过互联网对货物状态进行实时跟踪的服务。电子物流服务提供商在提供运输与交付业务时也会选择将该项业务向具有运输服务力量的第三方运输公司外包。

4. 退货管理

退货管理业务承担货物的修复、重新包装等任务，这个过程需要处理退货授权认证、分拣可修复货物、处理受损货物等工作。

5.客户服务

客户关系管理服务包括售前和售后服务，同时还包括对顾客的电话、传真、电子邮件的回复等工作，处理的内容包括存货信息、货物到达时间、退货信息及顾客意见。

（十）快递发货注意事项

掌握相关快递公司的详细资料，如公司背景、相关网点等。登录常用的几家快递公司网站查看就可以。尤其该公司网点的分布，在与客户的交谈中看对方有意选择快递，顺手就得打开对方所在地看一下网点情况，很多卖家朋友都有这个习惯，当然一些物流比较发达地区的网点分布就毋庸置疑了。

在与买家最后敲定快递费用前，自己一定要了然于胸。价格方面基本能掌握，但在关键重量上一定要快速准确地把握。

物品的包装要到位。不同的物品要选择不同的包装材料和包装方式，防止路上造成磨损、折皱。

掌握买家的详细地址和联系方式。地址一定要是最新的，联系方式尽可能有几种方式，如手机、座机、电子邮箱和QQ号等。

外盒上的详情单要贴结实，一般除了贴详情单，还要在另　面用记号笔写上详细地址和发货公司。

注意适时跟踪快件的物流信息。严格地说，在发货前、货运中、收货后都应该有信息跟踪，一方面是掌握物流信息，另一方面对于与客户的沟通十分有利。

注意快递公司的选择、服务、价格、速度等都是需要参考的。

（十一）托运货物的保险

托运人托运货物时，是否需要办理保价或保险，完全以托运人自愿为原则，铁路不以任何方式强迫办理保价运输或者货物运输保险。但从托运人、收货人利益立场出发，应办理保价运输。因为托运人一方面要求铁路运输企业能安全、迅速、经济地将货物送到达站；另一方面，当发生货损、货差时，总希望得到与货物价格最为接近的赔偿额，保价运输主要解决以上问题。

1.办不办包价运输的区别

从货物安全方面来讲，货物运输管理虽按现行的铁路货物管理有关规章办理，但未能得到与保价货物一样的特殊安全措施的保护，故发生货损货差的机会比保价货物大；从赔偿方面来讲，虽然不办保价也不办保险，故不用支付保价金和投保金，但因为铁路受理货物时，不论货物的贵重与否，都按货物重量收取运费，如果发生货损货差赔偿时，则按货物价值赔偿，这对铁路运输企业讲，是不公平的，因此铁路采取限额赔偿，但这样对托运人（特别是托运贵重货物的托运人）利益影响也大。

2.办理保价运输货物

因为保价责任的基础主要是因为铁路责任造成的货物损失，铁路为了减少事故赔偿，必然要认真对待货运事故，而且货物保价运输是运输合同的组成部分，铁路作为合同的一方直接参加货物的运输工作，并通过对事故的调查、分析、总结，有条件对保价货物采取安全管理措施，改进内部的管理工作，提高货物运输安全质量和服务质量。从这方面来讲，铁路与托运人利益是一致的。从赔偿方面来讲，托运人虽然支付了保价金，但铁路以货物实际价格（保价额）承运，发生铁路责任时，按不超过保价额赔偿，托运人能得到合情合理的经济利益，因此，保价运输解决了铁路限额赔偿不足的矛盾。

3.投保货物运输险

保险责任是因为自然灾害、意外事故等非人为因素造成的损失，保险公司不参与运输管理，赔偿只是一种对货物损失后的经济补偿形式。不论货物办理保价运输或是投保运输险，都属保护措施。铁路办保价是针对铁路责任的，对于不属于铁路责任的损失，铁路不承担保价赔偿；托运人要求得到比保价运输更高的赔偿时，也可投保运输险。

（十二）签收货物注意事项

在签收货物时，务必当面核对商品，包括商品的品牌、型号、数量、颜色、保修卡附件及包装发生损毁的；具体包括机身的易碎保修贴、销售卡发生模糊、撕毁、涂改的；商品外观发生磨损等，如出现送达商品与订购商品不符、数量缺少等问题，请与网络购物吧店员协商。如你已确认签字，网络购物吧店员将无法为你办理补发商品及无条件非质量问题退货。

四、农业现代物流

（一）农业现代物流发展中存在的问题

1.农业物流能力增长缓慢

目前，我国农业基本上是以家庭为生产单位的小规模生产。单个农户无法适应农产品市场的快速变化，特别是随着农业生产力和农产品市场化程度的提高，农产品市场逐渐走向供大于求的买方市场，而农民获取信息的主要渠道依然是通过相互交流、科技人员的技术推广以及广播和报纸等传统方式。农民与市场之间缺乏有效的沟通机制，多数农户仍然根据以前的市场价格及经验来确定农产品的生产种类和生产规模，这难免与市场需求存在一定差异。如果市场需求出现较大变化，不仅影响农产品的销售，而且会造成严重积压和浪费，从而影响农业生产整体的稳定性和农民的积极性。

2. 农业物流基础设施建设存在差距

我国农业物流硬件设施建设取得了一定成效，但与农业现代物流发展的要求相比，投入仍显不足，设施和技术仍有很大差距。在软件设施方面，新农村商网作为我国第一个农村电子商务平台为农产品流通提供了很好的服务，产生了显著效益，但其他农业网站多数信息重复采集，缺乏科学管理与维护。一些链接甚至无法打开，电子商务形同虚设，信息的滞后与失真以及信息资源不能共享等都是比较突出的问题。有些地区政府积极建设内部网站，却没有考虑如何为农民及时提供所需信息。信息渠道和网络平台的严重缺乏致使许多有关农村、农业、农民的有效信息严重滞后或匮乏，无法发挥作用。

3. 农业物流水平不适应电子商务发展的要求

我国农业生产者和经营者数量众多且分布广泛，农民进入市场组织化程度低，流通渠道长、交易手段落后，倾向于自营物流方式。农业流通企业虽然在数量上有了很大增长，但大多数规模较小，自有资金不多，以提供传统运输和仓库储存业务为主，物流设施的利用不够充分，信息化程度低，物流成本高。在电子商务环境下，农业流通企业的服务观念、质量和功能与市场需求存在较大差距，电子商务的高效、快捷、低成本等特点难以体现。

4. 农业物流的标准化程度低

与世界发达国家相比，我国农业物流标准化程度偏低，各种运输、装卸设备标准不能有效衔接，各种运输方式之间装备标准不统一，多式联运迟迟得不到较快发展；物流包装标准与设施标准之间没有协调；代表物流现代化程度的信息化标准严重滞后，制约着农业现代物流的发展。

5. 缺乏发展农业现代物流所需的管理人才

农业现代物流是一个涉及多学科、多领域的行业，具有知识密集、技术密集和资本密集等特点，涉及计算机和网络技术，对操作人员的知识水平、操作技能要求较高。我国高校开设的物流专业，比较偏重于工业物流人才的培养，虽然也有许多农业类的高校，但精通现代农业物流的人才仍然相当匮乏，特别是既掌握现代物流知识、信息技术，又具备农业经营管理知识综合素质的现代农业物流人才更加缺少。

（二）发展我国农业现代物流的对策建议

1. 政府大力支持与多渠道开发并举。

政府要采取措施，加强农业现代物流所需的基础设施建设，根据各地的自然条件和经济状况，在财政投入上向基础设施建设倾斜，通过各种方式推进农业现代物流的发展。要通过政策引导，对投资农业现代物流建设的企业提供具有吸引力的优惠措施，吸引有实力的企业参与农业现代物流建设，形成多元化农业现代物流建设体系。要通过调整税收政策，充分利用资本市场，促进农业现代物流的发展，鼓励有实力的农业物流企业对小企业进行收购、兼并和资产重组，把物流企业做大做强。

2. 大力发展农业第三方物流。

发展专业化的第三方物流企业有利于农业发展，能够降低流通成本，提高农产品的附加值和使用价值，增强农业竞争力。一是尽快培育和发展一批专门为农业生产全程提供物流服务的社会化的第三方企业和组织，使之成为农业现代物流发展的示范者和中小物流企业资源的整合者。第三方物流企业在发展初期可以通过让利或免费体验服务等方式，让农业生产者和经营者增强对第三方物流企业的信心。同时，应根据不同客户要求，具有针对性地设计相应的物流解决方案，在降低客户物流成本的基础上开发市场潜力，促进农产品增值效益最大化。二是鼓励农业产业化龙头企业之间，龙头企业与商业、运输、仓储企业间的联合，着力打造一批优势农业物流企业。三是推进传统储运企业、粮食系统企业、供销系统企业、农业系统、农资经销单位向第三方农业物流转变，并积极吸引国外优秀的物流企业加盟，壮大农业第三方物流的规模和实力。

3. 提高农业物流的信息化水平。

加快农业物流信息化建设是实现农业现代物流的当务之急。首先，要构建全国集中统一的农业物流网络信息体系，搭建信息网络平台，整合信息网络资源，及时进行信息发布和网络交易，实现信息资源共享。其次，支持农业物流企业实施信息主导和技术创新战略，建立具有现代物流企业特征的商情信息资源体系、电子商务贸易和社会消费的服务体系。利用现有农村经济信息系统，建立信息主导型农产品批发市场。再次，积极引导IT厂商加大投入，并研制信息化应用系统，有效实现农业物流信息的商品化、物流信息收集的数据库化和代码化、物流信息处理的电子化和计算机化以及物流信息传递的标准化和实时化，建立农业物流网络信息体系。最后，加大物流主体建设。大力发展农业物流基地、物流园区和物流中心建设，创新物流业态，并加快农村基层物流网点建设。

4. 推进农业物流标准化建设

成立全国性的农业物流标准化管理组织，尽快消除物流标准化工作的体制性障碍，加快物流系统、物流环节间的标准组织协调工作。加强物流标准化体系的研究，明确标准化的发展方向和主攻方向，系统规划物流标准化工作，避免计划的盲目性、重复劳动和遗漏。从我国实际出发，积极借鉴国外先进物流标准，制订国内农业物流标准，加快我国与国际物流标准的协调统一，并大力推进与国际接轨的农业物流设施和装备的标准化建设。加强对农业物流标准的实施贯彻和监督管理工作。

5. 培养农业现代物流人才

一是要充分利用国内各种大专院校、各级党校等教育资源，增设现代农业物流课程或专业，举办形式多样的培训班。二是可选派业务骨干到国内外现代农业物流企业进行进修，学习先进的农业物流管理理论、方法和技术。三是制定切实有效的政策，吸引国内外物流人才加盟到我国农村现代物流行业中来。四是开展和规范从业资格培训，逐步实行现代农业物流产业从业人员职业资格制度，提高从业人员的素质。

第六章　农村电商的实践应用研究

第一节　农村电商平台的建设与应用

电子商务是指利用计算机及网络通信技术、Web 技术、金融支付技术、供应链技术等实现自动交易的过程，也泛指通过使用计算机网络，高效便捷地进行商务活动，电子商务的主要特征包括技术性、数字化、网络化、智能化。从 20 世纪 90 年代末电子商务在我国高速发展以来，主要侧重于互联网技术在商务领域的应用。电子商务实践形成两类模式：一类是在传统商务活动基础上，引入了现代信息技术，对原来的业务活动进行了改进，提高了效率，降低了成本；另一类是以电子商务技术为依托，形成新的业务模式，特点是新业务满足市场需求，迭代更新快。

电商平台概念的内涵及外延广泛，既包括微观层面的电子商务网站、移动商城 App、小程序等，又包括中观层面互联网公司的电商业务平台及商业战略，还包括宏观层面的电商生态体系建设。总之，电商平台作为实施电子商务活动的媒介和桥梁，在电商发展过程中起到基础和支撑作用。本节尝试从微观层面探讨农村电商平台的实践路径。

电商平台作为农村数字化的信息基础设施，在乡村振兴、经济欠发达地区全面脱贫领域起着不可替代的作用。近年来，由互联网公司主导建设的电商平台在农产品网络销售、工业品下乡等方面已经培育了大量农村电商从业者，逐步建立了涵盖农产品的产供销供应链，使农村电商生态进一步完善。但是随着电商发展进入精细化、数据化运营阶段以来，借助互联网企业提供的平台进行农村电商运营，在网络销售数据资产管理、使用方面存在诸多限制，最终无法有效形成数据化运营闭环，长远来看并不利于电商数据化、运营精细化发展。本节在文献调研的基础上，基于电商生态理论，系统分析并阐述农村电商平台建设与应用现状，构建农产品电商平台体系的框架，为农村电商在技术实施层面的发展提供参考。

一、农村电商平台建设与应用现状

（一）电子商务平台的概念

电子商务平台是一种利用互联网技术在虚拟网络空间中营造的一种能够保障商务活动顺利运营的管理环境，同时对网络交易的信息流、资金量、商品流进行整合，能够为企业或者个人提供网上交易洽谈机会或者交易机会，促使各类商家能够充分利用其提供的网络基础设施、支付平台、安全管理等资源，从而高效、低成本地开展电子商务活动的一种平台。

电子商务平台的出现是电子商务发展到一定程度的必然。电子商务出现的最终目的是促成业务的发展，然而，电子商务是在虚拟的网络空间中开展的，虽然具备极强的便利性和高效率，但也存在安全缺乏保障、支付手段和管理机制不完善的问题，商家良莠不齐，以及大量的网外业务与网上业务交杂导致电子商务发展困难重重。在这种情况下，电子商务平台的出现就顺理成章了，通过电子商务平台的框架系统，能够有效地对网上业务进行规范，并提供完善的网络资源、安全的支付环境及管理服务，从而充分发挥网络的资源共享能力和便捷性优势，促成电子商务的快速发展。

（二）农村电商平台建设与应用现状

据统计，我国现有各种涉农电商平台 3 万多个，其中农产品电商平台有 4000 多个。目前，我国农产品电商形成 B2B、网络零售并存的多种模式创新的电子商务，有综合性电商、垂直性电商、社交电商、跨境电商等，以及各种配送供应链，各种支农产品上行对帮助农民致富有着显著的拉动作用。

在农产品电商平台应用方面，阿里巴巴通过"千县万村"计划，推动淘宝村建设，培养了大批农村淘宝店主；京东自 2015 年启动农村电商发展战略以来，对接电商精准扶贫，在助农销售农产品的过程中，全产业链融入，建立了中心仓储物流、金融等电商基础设施，完善了农村电商生态；苏宁易购布局全场景智慧零售，建设覆盖乡镇的线上线下苏宁小店；拼多多电商平台已成为农产品销售的最大平台，2020 年一季度完成农产品订单达 10 亿笔。

（三）农村电商平台建设问题分析

农村电商从业者主要包括"新农人"、回乡返乡创业者，在文化素质、现代信息技术应用方面与城市有较大的差距，因此，他们主要通过互联网公司提供的电商平台在网络销售农特产品，电商平台不但提供了较为完善的网络销售信息基础设施，而且培养了大量熟练掌握电商平台应用规则的电商从业者。据商务部统计数据，截至 2020 年 1 月，全国农村网店数量达到 1384 万家，由于网店定位不清晰，网店运营竞争激烈，基于电商平台的网店运营面临运营数据分析应用不足，数据化运营难，以及不能形成数据资产和数据闭环等问题，从而影响了农村电商高质量发展。

综上分析，以互联网企业为主体的电商平台已经广泛参与到农村电商发展中，农村电商发展主要依托互联网企业提供的平台，从业者在数据化运营方面缺乏有效规划，农村电商生态由大型互联网公司垄断，农村电商运营主体难以形成数据化运营闭环。

二、农村电商平台建设的必要性及原则

（一）农村电商平台建设的必要性

随着农村网络基础设施及电商配套体系的完善，电子商务进农村实现 832 个贫困县全覆盖，全国农村网络零售额由 2014 年的 1800 亿元增长到 2019 年的 1.7 万亿元，规模扩大了 8.4 倍。农村电商发展进入高质量发展阶段，乡村振兴和数字乡村建设的号角已经吹响，农村电商平台的数据化运营是趋势，这也是探索数字乡村发展新模式的重要切入点。新职业不断涌现，建设农村电商平台，对发展农村电商具有现实意义。

（二）农村电商平台建设的原则

农村电商平台建设的原则是因地制宜，分层分类推进。农村电商平台建设主体包括农民专业合作社参与数据中心建设，县域电子商务服务中心参与平台规则制定、建设区域商标注册一体化服务平台，返乡回乡大学生、创业者参与电商网站、小程序等展示平台的建设与完善。各主体分工建设，形成良性循环。有创业经验的农民利用已有电商平台创业，无经验的新生代农民以电商平台为切入点，参与数字乡村基础设施建设。

平台建设要在结合当地产业发展和资源禀赋的基础上，建设有特色的平台。如山西农村电商发展要从农特产品的"特""优"两个点切入，不同县市农村电商的发展路径不能一概而论，要将电商平台建设与发展当地优势产业和特色产业结合，同时考虑平台建设的技术问题，在平台开发初期，要重点考虑平台的运营模式问题。

三、农村电商平台技术架构

（一）农村电商购销展示平台

农村电商购销展示平台构建，主要通过 Web 技术实现 PC Web 和移动 Web 前端展示功能，随着移动终端应用的普及，移动端 App、小程序等展示平台也需要在平台建设时进行规划，在电商流量竞争激烈的背景下，考虑消费者能够便捷触达的各类平台，同时综合考虑经济发展水平、投入与产出等因素。

（二）电商数据化运营一体化服务平台

电商要实现高质量、可持续发展，数据化、精细化运营是重要保障。构建高效服务于农村电商数据化运营的服务体系，形成服务链，在平台技术架构设计时要从硬件、软件、运作模式与管理制度等方面进行综合设计。

（三）供应链金融服务平台

在第三方支付与互联网金融技术发展相对完善的条件下，考虑到平台建设成本，与现有的支付工具和金融服务平台的对接，在农村电商平台分阶段接入相关服务，要注意在建设时考虑 API 的预留和兼容性问题。

（四）仓储物流体系建设服务平台

随着新基建战略在物流仓储体系方面的推进，农村电商基础设施将逐步完善，在建设农村电商平台时，要根据当地电商产业发展实际需要，建设满足电商高质量发展的仓储物流服务平台。

（五）电商数据化安全保障平台

电商交易数据安全是基础，没有安全的网络环境作为保障，电商就无法发展。在平台建设时要研究如何将区块链、数据智能等技术融入其中，同时在农产品质量安全溯源系统建设方面，也要及早布局。

（六）电商数据化运营业务培训平台

优秀人才短缺一直是制约农村电商发展的难题，在平台建设时，要规划适应当地电商发展的线上培训学习交流平台，利用数据挖掘与平台数据分析匹配技术，实现平台业务培训信息闭环，实时且适时地推荐电商人才岗位需求，为农村电商发展提供人才保障。

四、农村电商平台建设实施

（一）调研及项目需求评审立项

农村电商平台建设作为一项系统工程，应该引入项目管理思想、应用软件工程及信息系统生命周期理论及相关工具，在项目建设实施前期广泛深入调研平台建设的需求，明确平台用户和目标客户，进行市场定位分析和竞争对手调查分析，撰写平台建设需求分析说明书，并进行项目评审，在评审论证的基础上，进行项目立项。此阶段，要争取立项单位资金支持，明确平台建设任务和时间节点。

（二）电商平台功能模块、交互流程及推广设计

在经济信息时代，电商平台作为互联网产品，其功能模块、交互流程、用户界面

都决定了产品是否具有生命力。电商平台在满足基本应用功能需求的前提下，要想吸引用户、留住用户，就必须提升用户体验，使用户在使用平台时有易用、愉悦感。考虑农村电商平台的主要用户和平台目标受众，应该在平台功能使用流畅度、用户交互界面美观、易用方面予以重点考虑。

（三）Web 前端开发及后台数据规划设计开发

在交互设计与功能模块设计的基础上，平台的 Web 前端开发应该结合项目需求规划，考虑是否需要在 PC Web 端、移动 Web 端、移动 App、小程序端等进行代码开发，同时 UI 设计、交互设计要配合代码编写人员做好切图、标注、适配等工作，后台脚本开发、数据库规划设计开发等也需要同步进行，按照平台项目任务安排，在项目经理指导下完成前端与后台代码的编写。

（四）电商平台上线运行测试、联调

电商平台在上线前需要在本地服务器上建设数据库，并部署 Web 服务，利用测试数据在主流浏览器上进行平台的前后端联调测试，按照交互设计与功能模块设计说明文档进行功能调试，在系统运行正常的情况下，可以邀请用户试用系统，收集使用问题，在正式上线前迭代优化。

（五）电商平台推广运营

电商平台建设过程中，可以预先进行平台运营推广，制定平台使用规则，培育平台种子用户，为平台正式上线后的推广运营奠定基础。在农村电商平台建设与运营时，要从用户实际出发，通过活动运营来吸引有创新创业意识、对电商平台规则较熟悉的农村电商从业者加入。

（六）电商平台运营人才培养及发展

农村电商平台建设与可持续发展的关键是人才问题，在平台建设项目立项时，就要将电商平台运营人才、平台用户、平台目标受众等作为重点培训对象。在平台建设开发过程中，可以吸纳农村大学生、返乡回乡创业者进入平台建设项目团队，让他们实现就业、创业，从而带动农村电商发展，激活农村经济，为乡村振兴、数字乡村的建设提供不竭动力。

五、相关问题探讨

（一）人才与资金问题

农村电商平台的建设与发展离不开人才和资金的支持。乡村振兴战略的实施，国家出台政策支持农村经济转型发展，畅通国内经济循环，未来，会有更多的投资进入农村经济领域，农村电商发展的资金问题会得到解决。那么，对于电商数据化平台建

设与运营人才的培养问题，国家推出"技能社会""技术技能人才培养""现代职业教育改革"等措施，在一定程度上可以缓解人才短缺问题，地方政府在电商职业人才的培养和吸引优秀电商人才入驻方面应该加大力度。

（二）市场准入与退出机制

农村电商经过前期发展，已经积累了丰富经验，许多电商从业者也心存懈怠，有竞争就会有淘汰，电商平台在运营过程中应该制定明确的准入门槛和退出机制，以保障平台的活力。

（三）国家惠农政策扶持

国家在农村电商发展方面提供了一系列政策，促进了电商高速发展。下一步政策支持方面应提高精准度，健全资金申请及使用制度，将政府的电商发展政策真正用于农村电商事业发展中。

农村电商要想高质量、可持续发展，县域层面的政府支持是关键。地方政府应通过完善区域电商发展政策制度，做好顶层设计，建立电商生态，培养本地优秀电商从业者，发挥其带动效应，吸引电商龙头企业入驻，吸引优秀电商人才，利用新媒体平台推介本地电商产业，从长远层面考虑建设或主导建设农村电商平台，从数据化运营方面构建电商高质量服务体系。农村电商从业者应根据需求和发展阶段选择电商平台或参与建设电商平台，在平台建设和运营中提升数据化运营技能，从而实现农民更高质量的创业与就业。农村电商平台建设者要因地制宜，根据市场需求确定平台运作模式，选择安全可靠的技术架构，建设服务乡村经济的数字化发展电商平台。

第二节　大数据技术在农村电商中的应用

随着现代化科技的不断进步，互联网已经走进千家万户，成为人们在生活和工作中必须使用的工具之一，人们运用网络来进行交流沟通以及消费的频率越来越高，还有许多人利用互联网的便捷和广泛的传播力从事网上营销。在网络平台上，民众越来越多的行为都会留下对应的数据，而相关人员就可以借助这些数据来整理与分析，更好地了解消费者的喜好及需求，可以让商家随时精准地调整商品的种类，从而满足不同消费者的需求，继而成为推动电子商务行业发展的有力手段。

目前，农村电商的发展已经成为地方经济支柱之一，带动了大批人员就近就业。过去许多外出打工人员拖家带口前往打工地的现象也在逐年减少。农村电商的蓬勃崛起和发展，不但带动了地方经济的高速发展而且让越来越多外出打工人员回乡创业，对农村地区的电子商务而言，充分运用大数据不但可以减少农民在经营过程中出现的农产品滞销问题，还可以促进周边城市的进货商到实地进行考察，进一步提升了线下交易的概率，为发展农村经济构建了良好的基础。

一、大数据在农村电商中应用的意义

（一）能积极改变销售策略

电子商务是企业在销售过程中，使用互联网的手段与客户进行交易，从而实现企业与客户之间的交流互动。早期的电子商务销售模式不能合理地对客户的需求进行深入研究，销售手段也多是运用主观推荐的方式，完全不能根据客户的消费习惯进行产品推荐，而大数据的应用，可以充分改变这种状况。运用大数据可以分析和了解客户的消费习惯及需求物品，满足客户的购买需求，从而可以促进电商企业的发展与壮大。

（二）运用大数据可以提升产品的运输效率

农村电商的销售主体一般多是以生鲜类为主，这种产品一般拥有着较高的水分，因此很容易在常温环境的作用下发生腐坏，这也就要求物流行业提升运输服务质量。而利用大数据可以收集物流数据并对其进行分析，在掌握配送规律的前提下，优化运输设置，实现资源利用的最大化。

（三）可以实现价格的灵活变动

在传统农业市场的发展过程中，农产品的价格调整往往会比城市的市场稍慢，因此在价格方面会比较被动。而当电商进入农村地区后，借助互联网大数据的模式，可以充分调查出所需的价格数据，及时发现市场价格走向，从而及时实现价格的调整，保证农村电商市场经营策略的稳步前进。

二、大数据在农村电商应用过程中的现状

（一）应用不到位

大数据在目前拥有着非常明显的潜力，然而经过实际的应用及调查可以发现，我国特别是农村地区的电子商务领域对于大数据技术的应用程度并不高，整体的电商平台建立也不到位。这主要是因为大部分农户的销售理念落后，一直是以传统的收购模式为基准，然而这种收购模式不但不能给种植户带来良好的经济收益，甚至会打击他们的种植热情。为此，积极从农民的内心需求出发，不断进行网络电商销售模式与大数据的合理应用，保证大数据技术可以融入农村经济市场的各个领域中，从而确保农村种植产业的发展与升级。

（二）隐私性不够

随着互联网科技的不断进步，每个上网的人信息都会在网络上有一个储存状态。电商如果想给客户提供具有针对性的服务，就必然要对用户的消费喜好，日常的休闲娱乐等资料有一个全方位的搜索，继而为客户提供个性化服务。但是，因为网络环境的复杂性，电商在对客户资料进行整理的同时，没办法保证用户的个人信息不被泄露，继而也就导致用户信息的外流。

三、大数据应用分析在农村电商发展中的应用策略

（一）合理建立农村电商大数据的分析平台

通过对大数据的分析，可以发现其中的每个数据之间都存在一定的关联性。在应用过程中，需要根据农产品的销售数据进行分析、提纯、比较及转变，继而得出关联数据，保证其能在农产品的生产、加工及销售等方面得到充分应用。在农村电商平台的构建中，电商要先根据大数据信息来进行商品的整理与分析，从而得出该商品目前的销售数据，并利用数据保证分析平台建立的有利性。

目前，在大部分农村地区已经实现了电商体系的建立，为此，电商应强化分析平台的数据源、元数据的管理。在平台应用的过程中，可以借助一系列科技手段来对用户的数据进行分析、测评及优化，以保证合理分析相关数据，将每一个访问单元对农产品的需求量进行一个展示，并在展示过程中突出产品的优势或优惠力度，为之前访问过的用户进行精准推送，确保激发用户的购买欲望。另外，电商可以针对用户访问过的产品，在全网范围内进行一个数据搜索，确保能为用户展示更符合购买需求的产品信息，从而建立健全大数据分析平台。农村产业基地的商品具备分布广、种类多及实效高等优势，为此大数据的分析应用必然要建立在有效的框架体系中，针对数据内容进行一个挖掘、集成、应用。

（二）合理运用大数据找准市场定位

通过合理运用大数据进行分析，可以帮助电商经营者对消费者的消费需求有一个精准的把握，也可以对市场中潜化的竞争对手有一个合理的抵御，以保证农民在电商平台销售过程中更好地突出自己的产品优势，提升自家农产品的曝光度。在进行大数据分析的过程中，相关人员要仔细对产品进行市场划分，进行精准定位，制定更有针对性的经营策略，全面打造良好的农村地区电商形象，从而满足消费者的需求。

同时，为了进一步满足消费者的消费需求，农村电商也要学会运用销售技巧，不能一味地进行低价销售，要巧妙使用优惠活动或多买、多包邮等方式，利用网络与客户进行联系，多向客户提供优惠信息或抽奖活动，也可以积极建立会员制度，吸引客

户进行循环消费。

在找准市场定位及市场目标后，农村电商也要进行多次效果评估，利用整合手段对调查结果有一个充分分析，如客户对于某个商品的喜爱程度、点击频率、下单数量等，并且在面对自身不足时要多进行改进，尽自己最大努力提升客户的满意程度。

（三）合理运用大数据分析，构建个性化服务体系

目前，随着人们生活水平的不断提升，民众对产品的需求量越来越大，在需求的过程中他们不再单纯关注产品质量的好坏，还十分关注产品的外包装、设计理念及宣传主体等多种个性化的服务元素。为此，农村电商在发展的过程中要积极考虑到用户的这一心理，利用大数据的手段，对用户的消费心理及消费趋势有一个准确的判断。

基于此，利用大数据分析手段，不但可以确保农产品销售总额的上升，而且能够为消费者提供更多具有个性化的服务，全方位地实现网络数据智能推荐，面对不同地区不同用户的需求要进行更有针对性的推广，进一步促进大数据分析的有利发展。

同时，农村电商发展也可以利用微信公众号或短信推送的方式，对地区内的农产品的销售有一个更好的选择，进一步保证能够发现更多潜在的新用户，同时，合理依据现代化的销售模式，满足用户对产品的需求，进一步建立更为完整的产销供一体化模式，保证用户在购买产品后也能获得最优惠的服务。

（四）充分应用大数据分析，开发农村产业资源

农村电商在进行农产品销售的同时，可以依据大数据手段为农村经济发展带来新的商机，从而实现农村电商的经营体系扩散，全方位顺应现代化市场发展的大趋势，同时不仅要依靠农产品这一项，而且要为消费者提供更为全面的购物体验，使消费者能够得到充分的消费愉悦性。

想要全面促进农业电商项目的发展，农村地区就应积极对大数据进行一个有利的宣传，合理地为大数据建立智能的推广平台，在平台上让用户了解到在当地农业发展的特色，并充分介绍当地的美食、美景。然而目前很多商家都会忽略这个重要点，为此要借助更多的机会，不断改善民众对农村的固有印象，从而保证农民可以对自家的农产品进行销售。同时，农村电商也要根据消费者的意见进行改进，让大数据提供的资料更加准确，保证农村能够推出更具特色的活动，促进农村地区的可持续发展。

综上所述，在网络信息化时代背景下，人们依靠互联网上发布的信息寻找商机。大数据技术的应用对农村电子商务发展有着非常积极的促进作用，可以让使用者结合时代发展的诉求，在大数据体系下充分对团队运营及人才管理进行完善，从而使大数据的价值被合理地发挥出来，进一步资产管理运营的发展，促进农村经济的全面发展，从而实现农民经济效益的丰收。

第三节　无人机配送在农村电商中的应用

一、无人机配送应用于农村电商的可行性分析

（一）农村电商背景分析

随着网络的普及和移动互联技术的发展，电子商务已经成为很多制造企业和流通企业不可或缺的领域。在电子商务快速的今天，农村电商俨然已经成为很多电商巨头未来的主要战场之一。根据 eMarketer 数据预测，随着互联网在农村地区的覆盖率的提高，到 2019 年，中国将增加 1 亿 3900 万名来自欠发达地区的网购消费者。由京东大数据和京东云提供数据支持的《2016 中国农村电商消费趋势报告》显示，农村电商用户数量近年来呈爆发式增长，无论是农产品上行用户，还是网货下乡用户，都体现出了巨大消费潜力，可见，发展农村电商迫在眉睫。

虽然农村电商有很大市场，但是真正动起来的企业却很少，这是由于农村地区本身的环境限制，其中，物流就是一个很大瓶颈，特别在非平原地区，配送成本超过城市数倍，而且缺乏效率，返程空载严重，进一步抬高了物流配送的成本。

（二）农村电商消费人群特点

1. 网购人群偏年轻

网购群体整体比较年轻是农村市场最大的特点，主力的消费年龄在 20 岁到 30 岁之间，这些年轻人购买欲望强烈，敢于尝试新鲜事物，这个主力的消费人群在农村市场会长期占据主导地位。

2. 农村手机上网占比高

由于网络的普及，相对城市和城镇，农村手机上网占比反而很高。农村家庭的电脑没有手机那么普遍，在移动互联网时代，由于手机的方便性和低成本，使得农村网购呈现出高增长的势头。

3. 农村网民网购目的不是买便宜

通过对农村网购消费者的需求特征分析，我们发现，他们购买的东西主要是日常开支、生产资料、日用品、家电、服装等，大部分村民只网购日常实体店中买不到的商品，所以类似淘宝这样的网络购物平台，提供给这些网民的最大价值是买那些买不到的，而不是只买便宜的。由此，迅捷高效的物流配送系统是农村网购最需要解决的问题。

（三）无人机配送的特点

所谓的"无人机配送"就是一种用无人机帮快递公司运送包裹，其基本原理是通过利用无线电遥控设备和自备的程序控制装置操纵的无人驾驶的低空飞行器运载包裹。目前，顺丰、京东、亚马逊等快递已经投入对无人机的正常使用阶段。无人机配有黑匣子，以记录状态信息。同时，无人机还具有失控保护功能，当无人机进入失控状态时将自动保持精确悬停，失控超时将就近飞往快递集散分点。无人机主要特点就是拥有超强的承载力，实用性高，能够带给人们新鲜感。无人机的机体必须经过精密的计算，机体要小。无人机的承载负重能力要很强，才能搬运更重的快递包裹。同时，无人机的外形设计要前卫新颖，材料要创新，性能也更加完美，这也标示着使用无人机进行快递运输已经成为业界的一项核心研究课题。

二、无人机配送运用于农村电商的竞争优势分析

相比传统配送方式，无人机物流配送具有很多优势。

（一）营销组合优势

（1）产品。无人机物流配送的产品和传统方式配送的产品，从本质上来说是一样的。但是由于实效性问题，某些产品会因为配送时间的差别而带来质量或者效果的差别。如水果、鲜奶等容易变质的产品，或者急需的一个特效药、急救血浆等，运输速度就成为产品体验中的一个重要因素。对农村市场来说，可视的差异化产品加上炫酷的配送方式，完全可以刺激农村居民的购买欲望，会让他们显得"倍儿有面子"。

（2）价格。在特殊地理环境下，无人机配送的成本优势是显著的，在效率方面也远远高于传统的配送模式。此外，无人机物流配送边际成本非常低，每次配送产生的费用只有充电时需要的电费和一些零部件的折旧损耗，金融研究公司 ARK Invest 在一项研究中表示，亚马逊无人机配送快递每件成本仅约 1 美元（约 6 元人民币）。低廉的配送成本可以形成具有竞争力的低价格。

（3）渠道。无人机配送可以使得企业的营销渠道在理论上达到一个全覆盖的可能，因为可以无视地理环境。京东通过调研发现，从配送站到村庄直线距离往往小于 10 公里，但由于地理环境差，交通不便，配送员进行一次配送有时需要半天以上，时间成本过高。配送的货物大部分都是中小件货物，其平均重量和体积都不大，非常适合采用无人机批量完成。因此，建立无人机物流配送机制，可以让企业把触角延伸到偏远地区，完成农村电商配送闭环的，进而从渠道上占领农村市场。

（4）促销。首先，进行配送的无人机本身也是一个重要载体，通过增加一些可视化包装或者宣传电子屏，可以在配送路线上进行宣传，达到类似 LED 广告车一样的效果。其次，无人机配送的不仅可以是产品，也可以是广告宣传单，可以更好地进入农

村市场宣传，再对目标市场进行细分，实现数据营销，把无人机物流从真正意义上变成"智慧物流"。最后，这种炫酷的消费方式也会形成从众效应，在交通不便利的乡村尤其能取得很好的口碑和效果。

（二）形成营销壁垒

企业若想在农村电商的市场竞争中长期处于优势地位，借助无人机配送就可以形成营销壁垒，防止竞争者进入和模仿。

（1）成本壁垒。由于无人机物流配送的低成本运营，可以形成低价格，并且可以形成规模经济。在农村电商同行竞争中，用无人机物流配送的企业和用传统人力进行配送的企业，在成本上差别会很大。

（2）政策壁垒。由于无人机物流配送的特殊性，需要进行空域管制申请，因此一旦获得了国家政府的支持，从某种意义上来说就实现了在农村区域配送的唯一选择，从而成为垄断配送方式。

（3）技术壁垒。无人机物流配送需要很多先进技术的支撑，如 GPS 定位系统、智能无人驾驶系统、信息识别系统等，因此，成熟可靠的人工智能是技术上的关键所在，目前，不论国内还是国外，这些技术的实用化都还有一定距离。但一旦技术成熟了，无论是否申请专利，对于潜在进入者来说都是一个望洋兴叹的巨大壁垒。

（4）品牌壁垒。利用品牌效应形成对产品的保护，进而让消费者想起某个品类的产品时，首先就会联想到你的品牌，而创造品牌最好的阶段就是"人无我有"，一旦顾客对你的无人机物流配送形成了鲜明的印象和好感，并且取得了信任，那么品牌壁垒也就形成了，这样就会变成企业在农村电商市场竞争中的有力武器。

三、无人机配送运用于农村电商的局限性

无人机配送虽然能改变农村电商配送需要双脚"翻山越岭"的物流现状，但这种新型配送工具要想得到广泛使用，目前还存在一定的困难。

（1）空域管制。一旦无人机配送被广泛普及，就会形成比较密集的低空交通流，这时空域管理与管制就必不可少，但目前无人机监管的相关规定尚是空白，急须法律相关规定帮助无人机尽快度过普及前期的监管之困。

（2）技术突破。无人机快递配送的可靠性与飞行的安全性还面临着技术方面的考验。一方面，续航时间短，载重有限。当前，以电池为储能介质无人机与化石燃料相比，其储能效率相对较低，无法满足无人机对于航程在物流方面的要求，现行无人机的续航时间在几十分钟，因此限制了无人机的服务范围。另一方面以 DHL Parcelcopter 第三代无人机为例，服务范围也仅有 8.2 千米。京东 X 事业部无人机研发中心总经理也表示目前业内绝大多数无人机的续航时间在 10 分钟至 20 分钟之间，超过半数的稳

定性差，10 千克以上载重量的机型占比偏少，像亚马逊和 DHL 的多旋翼无人机，其有效荷载均在 2~3 千克。

（3）隐私保护。如果有人恶意破坏无人机，强取货物，这不仅会对企业造成危害，更甚者还会暴露用户隐私，给用户造成负面影响，让用户有不好的体验等。同时由于无人机送货时带有摄像头，则无人机在送货途中如何保护人们的隐私安全也是一个急需解决的问题。

综上所述，无论从可行性还是竞争优势上来看，无人机物流配送在农村电商中都可以得到充分应用。企业要想在农村电商市场中占据主导位置，形成局部的竞争优势，就需要具有前瞻性规划，提前做好无人机物流配送领域的研究和布局。

参考文献

[1] 张勤，周卓.我国农村电子商务发展的影响因素研究 [J].物流工程与管理，2015（11）：181-183.

[2] 贺国杰.农村电商的物流瓶颈及应对措施 [J].物流技术，2015（14）：61-63.

[3] 范轶琳，黄灿，张紫涵.BOP 电商包容性创新案例研究；社会中介视角 [J].科学学研究，2015（11）：1740-1748.

[4] 穆燕鸿，王杜春，迟凤敏.基于结构方程模型的农村电子商务影响因素分析；以黑龙江省 15 个农村电子商务示范县为例 [J].农业技术经济，2016（8）：106-118.

[5] 郭承龙.农村电子商务模式探析；基于淘宝村的调研 [J].经济体制改革，2015（5）：110-115.

[6] 李冠艺.互联网思维对电商物流再创新与传统物流转型；基于价值连接的思考 [J].科技管理研究，2016（18）：171-175.

[7] 耿荣娜，曹丽英.基于AHP方法的农村电子商务发展制约因素 [J].江苏农业科学.2016（9）：535-539.

[8] 郭鸿鹏，于延良，赵杨.电商平台农产品经营主体空间分布格局及影响因素研究；基于阿里巴巴电商平台数据 [J].南京农业大学学报（社会科学版），2016（1）：42-48.

[9] 董坤祥，侯文华，丁慧平，等.创新导向的农村电商集群发展研究；基于遂昌模式和沙集模式的分析 [J].农业经济问题，2016（10）：60-69.

[10] 张潇化.农村食用菌产品电子商务与物流配送运营服务体系建设 [J].中国食用菌，2020（2）：137-138.

[11] 李博.互联网环境下农村电子商务和物流配送运营服务机制建设研究 [J].全国流通经济，2020（12）：24-25.

[12] 刘柱建.互联网环境下农村电子商务和物流配送运营服务机制 [J].农家参谋，2020（15）：36.

[13] 许敏.产业集聚、社会关系网络与农村电商创业绩效.[J].农业经济与管理，2021（02）：51-62.

[14] 杜小利.农村电商创业能力培养路径研究.[J].农村经济与科技，2019（10）：156-

157.

[15] 周劲波，郑艺杰．农村电商创业胜任力模型的构建与实证研究．[J]．当代经济管理，2017（10）：23-31.

[16] 李明．乡村振兴战略背景下电子商务专业学生创业路径研究 [J]．河北青年管理干部学院学报，2020（03）：60-62.

[17] 朱蕾霞．F 县农村电商的自媒体运营模式研究 [D]．桂林：桂林电子科技大学，2019.

[18] 黄丹丹．广西农村自媒体电商与物流配送融合模式构建 [J]．农村经济与科技，2020，31（10）：93-94.

[19] 雷琼莹，李婷，杨涛．自媒体视角下咸阳市农村电商发展探索 [J]．农村经济与科技，2020，31（2）：95，357.

[20] 杨刚，任友．贵州民族地区新自媒体平台＋农村电商扶贫模式运行机制研究；以今日头条为例 [J]．农村实用技术，2019（3）：69-70.

[21] 李岩．浅析自媒体时代下农村电商的营销模式 [J]．传播力研究，2019，3（3）：73，75.